北京第二外国语学院附属学校共同体优秀科研成果 2024

郑承军 主编

马腾飞 冯全 曹永芹 副主编

旅游教育出版社
·北京·

图书在版编目（CIP）数据

北京第二外国语学院附属学校共同体优秀科研成果.
2024 / 郑承军主编. -- 北京：旅游教育出版社，2025.
6. -- ISBN 978-7-5637-4896-9

Ⅰ．G632.0

中国国家版本馆CIP数据核字第2025F5M979号

北京第二外国语学院附属学校共同体优秀科研成果（2024）

郑承军　主编

马腾飞　冯全　曹永芹　副主编

责任编辑	贾东丽
出版单位	旅游教育出版社
地　　址	北京市朝阳区定福庄南里1号
邮　　编	100024
发行电话	（010）65778403　65728372　65767462（传真）
本社网址	www.tepcb.com
E - mail	tepfx@163.com
排版单位	北京旅教文化传播有限公司
印刷单位	唐山玺诚印务有限公司
经销单位	新华书店
开　　本	787毫米×1092毫米　1/16
印　　张	11.75
字　　数	160千字
版　　次	2025年6月第1版
印　　次	2025年6月第1次印刷
定　　价	69.00元

（图书如有装订差错请与发行部联系）

前 言

为深入贯彻落实新时代教育科研精神，推动北京第二外国语学院附属学校共同体教育教学改革与创新发展，2024年首次举办了附属学校共同体优秀科研成果评选表彰活动。此次活动由北京第二外国语学院统筹组织，各附属学校积极响应，共征集有效投稿247篇，涵盖案例类、论文类两大类别，涉及幼儿园、小学、中学学段，内容包含课堂教学创新、跨学科融合、教育管理实践等多个领域。经过严格的专家评审，最终评选出114篇优秀科研成果（一等奖25篇、二等奖53篇、三等奖36篇），充分展现了附属学校教师扎根教育实践、勇于探索创新的科研风貌。

本书的编纂，既是对此次评选活动的总结与延伸，也是对获奖成果的系统梳理与集中展示。通过集结这些凝结教育智慧的研究成果，我们期望为教育工作者提供实践参考与理论启发，进一步激发教育科研热情，推动附属学校共同体的高质量发展。

本书收录了"2024年附属学校共同体优秀科研成果评选表彰活动"评选出的21篇具有代表性的获奖成果，内容编排兼顾学术性与实用性。为便于读者阅读，本书内容根据学段分为三个部分：第一部分中学学段，包括《吟诵与古诗文教学实验研究》《基于核心素养的馆校合作课程资源开发研究》《培养活泼泼的人——中小学生活动及其组织的祛魅与建构》《浅谈数学文化在中考数学试题中的渗透——以2019—2023年西藏自治区为例》《借文化之力，筑育人根基——初中班级文化建设策略研究》《中学古诗文阅读教学的新路径思考》等成果；第二部分小学学段，包括《小学数学游戏化学习的实践探索与思考》《核心素养导向下小学英语大单元教学设计初探》《跨学科教学的实践与探索——以六年级语文习作〈多彩的生活〉为例的研究》等成果；第三部分幼儿园学段，包括《东西方教育方法对比研究》《中国式学前教育现代化爱国主义教育活动探究实践》《"石趣探秘，塔筑童梦"——以小班户外科学探究活动"搭石塔"为例》几项成果。

一线教师与教研人员可通过借鉴获奖成果中的教学方法与策略，提升课堂实效，优化教学设计。教育管理者可参考跨学科融合、课后服务等管理类研究，探索教育治理新路径。教育研究者可从理论成果中汲取灵感，深化对核心素养、学科融合、人工智能赋能教育等前沿议题的探索。尤其是附属学校共同体成员，可通过成果共享与经验互鉴，强化共同体凝聚力，共促北京第二外国语学院教育品牌建设。

教育科研是教育改革的引擎，是教师专业成长的阶梯。本书的出版，既是过往探索的里程碑，更是未来创新的起点。愿每一位读者都能从中获得启发，在教育科研的道路上携手同行，以实践滋养理论，以理论引领实践，共同书写基础教育高质量发展的新篇章。

本书的顺利出版，得益于多方力量的鼎力支持。衷心感谢北京第二外国语学院对附属学校共同体科研工作的高度重视与统筹规划，为活动提供了坚实的组织保障；感谢各附属学校的积极响应与高效协作，展现了基层教育者的科研热情。评审过程中，三位北京教育协会专家的严谨评审与专业指导，确保了评选结果的公正性与学术价值。同时，感谢北京第二外国语学院附属中学在技术层面的有力支持，依托信息化手段实现了投稿与评审的高效运作。最后，谨向所有参与投稿的教师及科研工作者致以崇高敬意，正是你们的智慧结晶与实践探索，铸就了本书的丰厚内涵。

首次编纂附属学校共同体优秀科研成果集，我们深知经验尚浅，书中难免存在疏漏与不足之处，诚挚欢迎广大读者对本书提出宝贵意见与建议，以期在未来不断完善科研评选机制，丰富成果展现形式，共同推动教育科研事业迈向更高水平。

郑承军

2025 年 5 月 10 日

目 录

第一部分 中学学段

吟诵与古诗文教学实验研究 ……………………………………… 才　惠　3

基于核心素养的馆校合作课程资源开发研究 ………………… 宋佳丽　13

培养活泼泼的人
　　——中小学生活动及其组织的祛魅与建构 ………………… 李文亮　22

转念之间，行中育人
　　——一个"妄自尊大"的孩子的集体"拯救" ……………… 侯艾君　29

浅谈数学文化在中考数学试题中的渗透
　　——以2019—2023年西藏自治区为例 …………………… 陈芙蓉　36

借文化之力，筑育人根基
　　——初中班级文化建设策略研究 …………………………… 林伯静　44

中学古诗文阅读教学的新路径思考 …………………………… 裴玉洁　49

以《湖心亭看雪》为例，立足课堂，培养学生核心素养 ……… 刘　敏　55

第二部分 小学学段

小学数学游戏化学习的实践探索与思考 ……………………………… 杨　媛　65

核心素养导向下小学英语大单元教学设计初探 …………………… 赖文菁　72

跨学科教学的实践与探索
　　——以六年级语文习作《多彩的生活》为例的研究 …………… 李欣竺　77

落实英语学习活动观，提升学生学科核心素养
　　——以北京版三年级上册"seasons"一课为例 ………………… 付　霈　88

小学阶段实用性阅读与交流学习任务群建构原则研究 …………… 荣雨昕　96

小学英语戏剧教学的有效实施策略探索 …………………………… 肖梦涵　108

基于新课标的小学英语课堂开展学科融合教学的实践分析 ……… 徐芳辉　115

全景学习地图：数字赋能小学语文"思辨性阅读与表达"的探索 ……… 安利利　125

校地融合共建设　协同助力促发展
　　——北二外成都附小北区学校校地融合发展初探 ……………… 熊科琴　139

学英语会话教学中提问技巧对学生思维与语言能力提升的探析·肖梦涵　李振东　146

第三部分 幼儿园学段

东西方教育方法对比研究 ……………………… 李芯仪　裴露曦　邱维宁　157

中国式学前教育现代化爱国主义教育活动探究实践 ……………… 王　邈　165

"石趣探秘，塔筑童梦"
　　——以小班户外科学探究活动"搭石塔"为例
　　……………………… 阮　彬　冯　莉　廖　真　肖雅文　裴露曦　174

第一部分
中学学段

吟诵与古诗文教学实验研究

才 惠

摘　要：本课题以吟诵课堂教学为依托，以培养中学生"寓吟能诵"能力为切入点，运用实验法、行动研究法，总结出"吟诵记忆法"，探索如何通过吟诵古诗文，提升学生快速背诵记忆古诗词的能力和对古诗文的理解能力，减轻学生课业负担，达到减负提质目标。通过课题研究，总结出"吟诵教学贰拾字课堂教学模式"，并撰写《吟诵记默古诗词》口袋书，建立"惠吟诵"公众号，固化研究成果。通过吟诵依字行腔等吟诵技巧，培养中学生对传统文化的热爱之情，传承博大精深的中国古典文化。

主题词：吟诵记忆法；吟诵课模；吟诵技巧；减负提质；传统文化

一、问题的提出

（一）研究背景

1. 国家政策指引

2020年修订的《普通高中语文课程标准》将语文的学科核心素养界定为四个方面：一是语言建构与运用；二是思维发展与提升；三是审美鉴赏与创造；四是文化传承与理解。其中审美鉴赏与创造是指学生在语文学习中，通过审美体验、评价等活动形成正确的审美意识、健康向上的审美情趣与鉴赏品位，并在此过程中逐步掌握表现美、创造美的方法。文化传承与理解是指学生在语文学习中，继承和弘扬中华优秀传统文化、革命文化、社会主义先进文化，理解和借鉴不同民族和地区的文化，拓宽文化视野，增强文化自觉，提升中国特色社会主义文化自信，热爱祖国语言文字，热爱中华文化，防止文化上的民族虚无主义。

2. 官方大力推广

2018年9月25日，教育部、国家语言文字工作委员会印发《中华经典诵读工程实施方案》，推动和引领社会大众尤其是青少年广泛开展经典诵读活动，使之更好地熟悉诗词歌赋、亲近中华经典，更加广泛深入地领悟中华思想理念，传承中华传统美德，弘扬中华人文精神。

3. 传统文化的传承与发展

国际安徒生奖获得者曹文轩提出了"大语文时代"的概念。大语文其实是包括了语言文字认知、文学常识、传统文化素养、阅读理解能力、表达能力、写作能力等综合素质在内的语文综合学科。从各地的中学语文试卷中就可以看出国家对传统文化知识的重视程度，试卷中课外拓展内容和古诗文背诵篇目大大增加，体现出对综合能力的考查需求。近年来，国学教育越来越受到重视，中华优秀传统文化贯穿中学语文课本各个部分，传统文化得到很好的传承和发展。

（二）研究目的和意义

1. 总结出一套可实施可操作的吟诵记忆法

现如今，因为互联网高度发达，知识获取较为便捷，因而许多学习方法易被忽视，对于背诵这一方面，中学生的劣势非常明显。如何在提高兴趣的同时，又能培养"寓吟能诵"能力，是我们课题的研究目的。通过3年的课题研究，让学生从初一开始，背诵中考要求记忆的64篇古诗文篇目，以古诗文为载体，以吟诵为方法，提高快速记忆能力，传承传统文化。

2. 吟诵为语文教学方法提供实践支撑

以语文学科素养为依托，以语文课程标准（义务教育阶段）内容为方向，对吟诵与古诗文教学之间的联系进行研究。发现新课标背景下吟诵在古诗文教学中的实际运用规律，让吟诵成为古诗文教学方法中的一种，为语文教学提供实践支撑。

3. 通过吟诵古诗文，提高学生语文素养，同时总结背诵技巧

自2017年起，北京中考背诵篇目达到64篇。这就意味着原来只要求阅读的古诗文被纳入了背诵篇目之中。背诵只是一种手段，而通过吟诵最后达到记默的目的更是

"走捷径手段",提高学生语文素养才是终极目标。"熟能生巧"、"书读万遍,其义自见"以及"熟读成诵"都是对语文素养提升的一种诠释。因此,研究"吟诵背诵法",会让我们的研究更有针对性。

二、研究方法与过程

(一)研究方法

1. 行动研究法

团队教师以"课模"(课堂教学模式)为研究主体,以同课同构、同课异构、异课异构、异科异构为研究途径,以培养学生喜欢吟诵、爱上吟诵为核心,对吟诵教学进行深入研究。总结研究所得,以书籍、公众号方式来推广延伸传统文化传承和发展。

2. 实验法

通过前测和后测进行实验研究。4位语文教师,任教8个班级,以班级为单位,在进行吟诵教学之前,对学生学习古诗文的情况,以区级统考试卷中古诗文部分(10分左右)为检测内容进行检测,统计总分和小分数据,作为初始数据;在课题实验进行一学年的基础上再进行测验,针对同一批学生,对比数据差异,检测研究的实质进展和有效性。

(二)研究过程

1. 第一阶段:课题准备阶段(2021.3—2021.7)

完成组织、成立课题组,选择研究人员、指导专家、实验对象等工作;布置安排实验参与人员培训、课题整体安排发布;主持人撰写课题申报书和开题报告,请专家审阅、指导文本部分内容,完成规范的开题报告。

2. 第二阶段:课题实施阶段(2021.8—2022.1)

参与课题的教师在教学中实施吟诵法;教师设计实验内容,记录实验组数据和对比组数据,并进行统计整理。

3. 第三阶段：课题中期总结阶段（2022.2—2022.7）

以数据为依托整理可操作性教学法；撰写中期报告；总结实验研究过程中的问题，纠错，为后期研究扫除障碍。

4. 第四阶段：

（1）课题中期展示（2022.8—2023.1）

各成员进行中期汇报展示；开展课题中期全校课例展示，选择 2 名教师（翠城校区 1 名，堡头校区 1 名）进行全校展示课；总结教学法，形成"吟诵贰拾字课堂教学"模式。

（2）课题结题（2023.2—2023.7）

召开课题组成员会，纠正课题中期之前出现的问题，对后续工作进行部署和安排。通过同课异构、异课异构、异课同构等方式，进一步推敲验证"吟诵贰拾字课堂教学"模式。撰写《吟诵记默古诗文》口袋书，固化研究成果；制作"惠吟诵"公众号，进行研究成果推广与发展；各成员撰写和课题相关的论文；课题主持人撰写结题报告和研究报告。

（3）课题成果展示（2023.8—2024.1）

开展全校成果展示报告会，主持人做课题结题研究报告；课题组成员以吟诵贰拾字课堂教学模式为主体，进行吟诵课展示；正式发布"惠吟诵"公众号；现场展示《吟诵记默古诗文》口袋书等。课题结题之时也是开启传承发扬优秀传统文化之时。

整个课题的研究过程如图 1 所示。

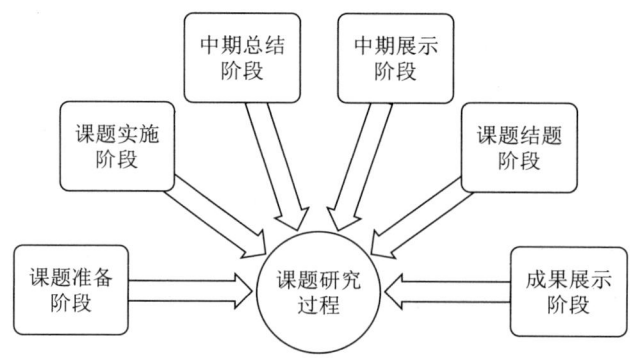

图 1　课题研究过程框架

三、研究结果与分析

通过近3年课题研究，在吟诵课堂教学上，在吟诵记忆方法上，在吟诵古典文化传承发扬上，课题组反复尝试、勇于创新，形成了较为丰硕的成果。

（一）吟诵记忆法

教师们在课堂教学过程中，不断发现和探索，总结出以下记忆方法。

1. 标注音调记忆法

吟诵方法的核心是依字行腔。要想把依字行腔做到位，最主要也最关键的是不能出现"倒字"。也就是说，不能读错"音"，这个"音"就是"音调"。因此，教师在课堂中开展的"标注音调"教学环节，就是吟诵教学的重要部分。学生需要逐字逐句标注，需要仔细查阅自己读不准的字音；在这个音调标注过程中，他们就已经产生了基本记忆；标注音调过程就是短时记忆过程。根据艾宾浩斯记忆倒"U"形曲线规律，在标注音调学习后的短暂时间内，记忆效果会迅速提高，然后逐渐下降，最后趋于稳定，达到记忆目的。音调记忆法，可以达到减负提质的目的。

2. 吟诵调式记忆法

吟诵方法，现在已有的方式有：依字行腔、平低仄高、入短韵长、快慢有情、虚字重长等。学生们在吟诵过程中，通过这五种调式学习，感受到方法的新颖独特、与众不同。在这种学习体验过程中，激发学生用吟诵调式学习古诗文的兴趣。兴趣是最好的老师。学生在背诵和记忆古诗文方面是有困难的。吟诵调式的学习方法，降低了学生的学习难度，激发了他们的学习热情，为背诵记忆开启了新技巧和新方法。调式记忆法，可达到减负提质的目的。

（二）吟诵贰拾字课堂教学模式

贰拾字教学模式，分别为：古典传承，手势正音，吟诵传授，创新分享，及时反馈。

1. 古典传承模式

一是古礼。课堂教学开始时，师生按照古礼要求，相互作揖行礼。二是传统文化知识传播。礼成后，进行中华传统文化知识传播，时间为3~5分钟；可以依托中高考考点进行传统文化讲解，也可以拓展学生的古典文化知识面。总之，中华上下五千年，博大精深的文化底蕴，需要教师通过课堂载体来传承。这种模式，既可拓展学生知识体系，又可结合中高考要求，达到减负提质的目的。

2. 手势正音模式

吟诵知识学习，最应强调的是不能出现"倒音"，也就是我们常说的"读错音调"。因此，正音是最关键的一步。

一是"打手势"方式。

拿出右手放在胸前：

（1）阴平（一声）手心朝下，放平。

（2）阳平（二声）手心朝右，胳膊抬起，带动右手掌倾斜45度。

（3）上声（三声）手心朝下，手掌做打对钩（"√"）状。

（4）去声（四声）手心朝左，胳膊抬起，带动右手掌倾斜135度。

二是标注方式。手势正音后，要落实到笔头上，学生在笔记本上抄写一遍古诗文，或者在课本上直接标注音调，完成这个环节的有效学习。

3. 吟诵传授模式

这是吟诵课主体。教师要在这个环节，结合课本中的古诗文，为学生进行吟诵知识讲解，进行吟诵教学。吟诵方法要在这个环节呈现。在教学过程中，要完成自我学习—自我练习—教师示范—学生再练习这些环节，以从更深层次理解古诗文。学生通过理解，再进行吟诵。这个过程，是理解能力提升的过程，是自主学习能力提升的过程，打破先了解写作背景、作者生平等传统的教学模式，学生更易于接受和掌握。

4. 创新分享模式

这个环节，是留给学生的舞台——课堂习得展示。这也是现在倡导的要把课堂还给学生，要让学生成为课堂主体，培养"拔尖创新人才"的又一途径。学生通过对抑扬顿挫的依字行腔、平低仄高等吟诵方法的学习，理解古诗文，他们的理解就体现在吟诵过程中。每名学生的理解都会不同，就如同"一千个读者就有一千个哈姆雷特"。

学生百花齐放，进行个性化展示，这样的他们正是我们需要的"创新人才"。我们负责搭好舞台，让学生尽情表演。这个过程中我们会不经意地看到"李白""杜甫""苏东坡"……学生的展示过程，也是相互学习、促进提升的过程。

5. 及时反馈模式

课题研究的主要目标是：不仅要学习吟诵方法，还要减负提质；要向课堂要质量，向课堂要高效。前面十六个字概括的教学模式都是在为最后这四个字的有效落实而添砖加瓦。所以，教师在把握讲课时间时要环环相扣，高效用好课堂的每一分钟时间，把最后五分钟留给学生来及时反馈。及时反馈的方式有很多种，可以依据教师的上课习惯或者学生的学习习惯来进行：齐声背诵、小组背诵、个人默写、同桌互背、同学互批等。学生记默背诵的完成度，可以检验出本节课是否有效、高效！这样的减负提质方法，学生们是喜欢的，家长是认可的，教师是愿意的。

（三）《吟诵记默古诗文》口袋书

本次课题研究，目标之一是减负提质，让学生在快乐轻松的情绪下完成学习；目标之二是对教师在古诗文教学方面的策略进行研究。课模是一种表现形式，口袋书是另一种表现形式。课题主持人带领一线教师撰写口袋书，打磨课堂教学模式过程，就是一次教学环节的梳理过程。课题主持人加上撰写教师一共4人，他们利用假期时间，搜集整理资料，分工合作。最后由课题主持人在各位教师整理资料的基础上，编撰研究所得、个人学习所得、经验所得，最终呈现给大家一本关于吟诵方面的书籍。书中的古诗文主要来自中考需要背诵默写的篇目。学生和家长在拿到这本书时，家长可以出于兴趣翻阅，学生可以将之作为教材辅助用书：闲暇之余，吟诵几首，标音填注，最终记忆默写下来。这恰恰是最有效的减负提质。

（四）"惠吟诵"公众号

1. 成果推广栏目

本课题不是为研究而研究，而是在研究结束后，要加以推广和发展。建立公众号，是要把课题研究成果推广开来，让更多教师同行在日常古诗文教学中，能运用吟诵贰拾字课堂教学模式，让更多学生和教师一起，教学相长，在古诗文课堂教学中，减负提质，提高课堂效率。

2. 文化传承栏目

现如今，中高考文科题目中，有关中华 5000 年文化知识的考核时时出现。公众号传播，可以让更多人在休息闲暇时间浏览观看。吟诵学习了解过程，是轻松愉悦的；潜移默化中，就学习了传统文化。而不是非要等到教师在课堂上讲，只有学生才能学到、听到、看到。这是数字化信息化时代的标配。

3. 师生展示栏目

公众号是一个平台。一是课题后研究时代开启。通过公众号平台，课题组老师把录制好的日常吟诵课例放到平台上，可以让更多教师同行看到，大家一起再研究研讨。这也是教研主流方向，可以称作课题后研究时代。二是激发学生学习动力。通过公众号平台，在课下选出吟诵兴趣浓厚的学生，激发学生的学习兴趣，利用课余时间，录制他们的吟诵视频，放到平台上，供不知吟诵、不会吟诵的师生学习。吟诵录制过程，是学习过程；吟诵传播过程，是提升综合能力的过程，更是减负提质的过程。公众号创建，也是时代所需。

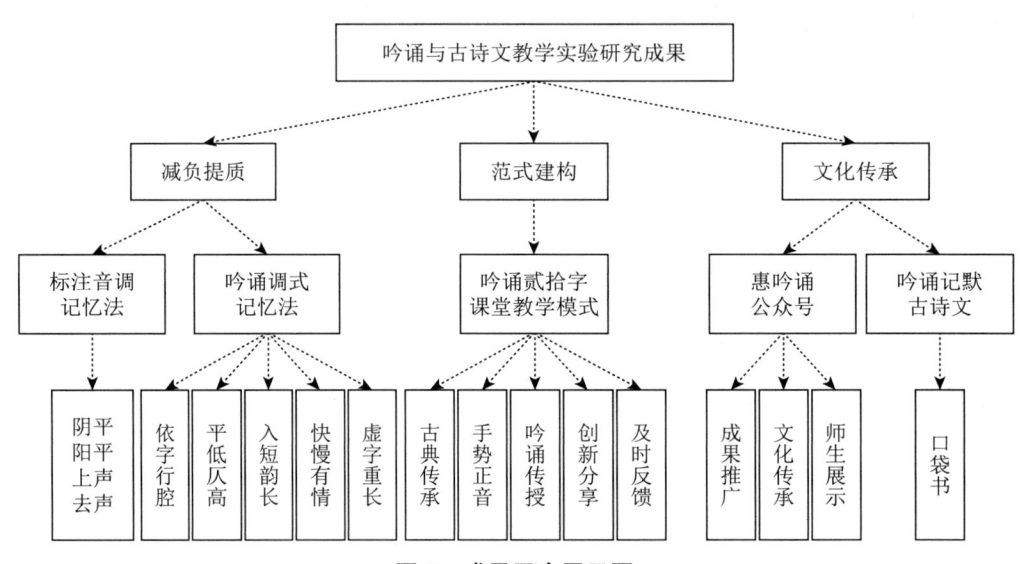

图 2　成果层次展示图

四、结论与建议

（一）形成创新古诗文教学模式

作为参与课题教师，课题研究结束之时，也是正式使用吟诵贰拾字课堂教学模式之时。进行古诗文课堂教学，充分发挥吟诵贰拾字课堂教学模式的作用，带动没有参与的课题教师。后课题时代，让更多语文教师使用这种课堂教学模式，学习吟诵技巧，教会学生，教学相长。创新古诗文教学模式，是课题的研究目标，是课题的研究成果，是课题研究的延伸与拓展。

（二）形成减负提质有效方法

现阶段倡导"减负提质"，对于师生来说，它都是绕不开的话题，也是所有教师一直在思考和研究的问题。本次课题研究总结的两种记忆方法，标注音调记忆法和吟诵调式记忆法，让学生在背默古诗文作业的环节中减轻压力。有技巧帮助，能轻松完成任务，学生们是喜欢认可的。两种记忆方法，既是课题研究目标，又是课题研究成果，更是减负提质要求下课题组成员的智慧结晶。这两种方法既减轻了教师教学古诗文的"负担"，又减轻了学生的课业负担，减负提质在这里不再是一句空话。

（三）创建弘扬传统文化的新模式新平台

在当今的大数据信息化时代，传播途径多样化。公众号的建立，为弘扬传统文化开启了新平台。公众号分为三个栏目，这三个栏目包括三个方面：开启后课题时代的"吟诵贰拾字课堂教学模式"研磨栏目；传统文化普及推广栏目；学生教师一起录制视频，为师生提供展示平台栏目。公众号的建立，为广大网友了解吟诵这一古老技艺提供了新平台。同时，为满足不能通过网络来获取知识的朋友，课题组编撰了"口袋书"，图书内容详尽，适合所有年龄段的朋友。新平台和口袋书是课题研究目标，也是课题研究成果，是课题组成员对于传统文化热爱的最好体现。

课题研究只是一个阶段，后课题时代才是课题真正研究之始。研究吟诵，了解吟诵，运用吟诵，发扬吟诵，减负提质，传承文化，这才是课题研究之永恒追求。

参考文献

[1] 郭念锋.国家职业资格培训教程·心理咨询师［M］.北京：民族出版社，2003：36.

[2] 北京教育考试院.北京市高级中学中等学校招生考试·考试说明（2017年）［M］.北京：北京理工大学出版社，2017.

[3] 赵敏俐，徐健顺.中华经典诵读［M］.北京：开明出版社，2018：16.

[4] 曹灿.曹灿杯指导用书青少年儿童朗读实用宝典［M］.北京：清华大学出版社，2019：119.

[5] 钱梦龙.请"依律而诵"［J］.语文教学通讯（初中），2020（1）：13.

[6] 姜忠勤.吟诵古诗词之讲究［J］.中学语文教学参考，2017（10）：29.

[7] 胡颖丽.古诗词教学与吟诵的结合［J］.语文教学通讯（高中），2016（11）：48.

[8] 杨丽春.古诗词吟诵教学的有关调查和实验［D］.福州：福建师范大学，2009.

[9] 徐亚雄.古法今用：初中古诗词吟诵教学法探究［D］.长沙：湖南师范大学，2018.

[10] 刘晓莉.初中古诗词吟唱教学研究［D］.重庆：重庆师范大学，2019.

作者单位：北京第二外国语学院附属中学

基于核心素养的馆校合作课程资源开发研究

宋佳丽

摘　要：本论文从馆校合作课程开发实施的角度，结合生物学新课标核心素养的要求，整理了馆校合作课程资源开发的十个步骤，并提炼出教师在开发馆校合作课程资源实践过程中总结的三条重要建议：第一，结合学情，整理出本市科技场馆展项资源，为家长和教师提供科普地图，增加科技资源的利用率；第二，结合课标，详细研究科技场馆的展品资源，画出义务教育阶段教材和新课标与科技场馆展项资源的对应图谱；第三，结合核心素养，依托场馆展项，在真实情境中设计探究性选修课课程，帮助学生形成物化成果，以促进科技馆教育资源融入中小学教育体系，形成适应新时代馆校合作机制的馆校合作课程，满足学生多样化学习需要。

主题词：核心素养；馆校合作；课程开发；科技赋能

一、问题的提出

"双减"背景下，学校要统筹校内外优质资源，结合自身特色，深入贯彻"全员、全程、全方位育人"理念，全面落实立德树人根本任务。笔者所在城市是首都北京，拥有优质的科技场馆资源，大大小小的博物馆共有百余家，其中科技场馆就有二十多家，大部分场馆均对中小学生免费开放。在《关于新时代进一步加强科学技术普及工作的意见》《关于利用科普资源助推"双减"工作的通知》等政策的指引下，在中国科学技术协会领导下，各科普机构围绕科普资源优势助力"双减"工作，充分发挥深耕教育领域的学术型社会组织的自身优势，多维施力，寻求解决之策，帮助学校提高课堂效率、减负提质。借助"双进"助力"双减"的政策背景，中小学教师有更多的机会与科普机构进行深度合作。那么科技馆和学校如何做到强强联手、深度合作呢？

"馆校合作"选修课课程开发不失为一条可行的路径。

关于馆校合作，目前的研究现状是怎样的呢？

（一）国外研究现状

20世纪初，随着欧洲近代公共教育制度的建立，科技场馆的教育功能逐渐得到社会的认可，开始成为教育机构。科技场馆从单纯的收藏、保存展品的机构变成了公众参观学习的场所，其社会性得到了发展，场馆逐渐成为社会教育机构。科技场馆资源开发利用最有效的形式是将其系统地融入学校的课程和教学计划中。国外馆校合作形成时间较早，形式多样，主要包括校外访问、校外服务、教师专业发展、博物馆学校以及区域整体性合作五种类型。

西方的馆校合作，由于场馆发展成熟以及国家及大众重视，相对来说发展成熟。纵观西方馆校合作课程资源的开发情况，其开发的内容可根据场馆的类型分成不同的内容，大致可以分为国民教育、美育以及科学教育等方面。

科技类场馆在西方社会受到了很大重视，被称为学生的第二课堂。绝大多数的孩子从婴幼儿时期起就经常在父母的带领下到社区所在的科技类博物馆参观，他们最初的科学知识和科技经验通常也主要是在这类博物馆里得到的。同时，西方的科学场馆也会主动进入校园，为学生讲述有趣的科学故事以及科学实验。这些场馆也会有展品接触服务，将场馆中的展品送到学校，让科学教师利用实物对学生进行科学教育，大大增加了学生学习科学的兴趣。

（二）国内研究现状

2001年，教育部在《基础教育课程改革纲要（试行）》中提出学校应广泛利用校外的图书馆、展览馆、科技馆、博物馆等社会资源以及丰富的自然资源，积极利用和发展信息技术课程资源。目前我国馆校合作的方式分为三种类型，分别为学校主导型、博物馆主导型和政府主导型，对其内容进行整理，可以将其归纳为德育、美育、历史和科技等方面。

北京市拥有大大小小的博物馆百余家，其中科技场馆二十多家，然而对于大多数郊区、城乡接合部的中小学生而言（如我校的学生），目前对科技场馆资源的利用还远远不足，主要是由于家长和教师对科技场馆功能认识不足，以及对其利用不当造成的。因此，改善当前科技场馆学习现状，让其服务于更多的中小学生是非常迫切和有意义的。有学者提出了不同的建议：要审视科技场馆的教育特色，发挥其教育价值；加深科技场馆与学校的合作深度；鉴别目标群体，面对不同参观人群采取不同的教育策略；要做到科技场馆建设、科普展示、服务等方面的创新。但是目前总体而言这方面的研究较为贫乏。

二、研究方法

（一）确定研究目标

本研究的核心问题是探索基于核心素养进行馆校合作选修课课程开发的实现途径。具体问题包括：北京市的科技场馆中的展项资源如何与生物学核心素养的培育相关联？如何基于核心素养进行馆校合作的课程开发并落实？

（二）进行核心概念界定

核心素养：核心素养是指学生应具备的、能够适应终身发展和社会发展需要的必备品格和关键能力。中国学生的核心素养以"全面发展的人"为核心，分为文化基础、自主发展、社会参与三个方面。生物学课程要培养的核心素养，主要是指学生通过本课程学习而逐步形成的正确价值观、必备品格和关键能力，是生物学课程育人价值的集中体现，主要包括生命观念、科学思维、探究实践、态度责任。

馆校合作课程：馆校合作指场馆与学校基于共同的教育目的，相互配合而开展的一种教学活动。在这种合作关系中，场馆和学校的目的都是促进学生的发展，利用场馆和学校中的资源，让学习产生"1+1＞2"的效果。馆校合作的实质是学校和场馆为实现特定的目标而建立的一种合作关系，并且这种关系是持久的，产生的效益是正向的。馆校合作拓展了场馆的教育功能，因此，馆校合作实质上就是将场馆与学校的资源实现最大化利用的一种新的教育方式。

课程开发：课程开发是指通过需求分析确定课程目标，再根据这一目标选择课程内容，然后对这些内容进行组织、实施、评价和修订，以形成一个有计划、有结构的课程体系的过程，它包括课程目标的确定、课程内容的选择与组织、课程的实施与评价等阶段。而场馆课程开发则是利用场馆本身优势资源而进行的课程开发。场馆课程开发的主体可以是场馆的运营者，也可以是有意于开发场馆课程的学习者或组织。一般来说，场馆课程开发过程中的课程目标、课程内容、课程实施以及课程评价的编写都是依据场馆内的资源展开的。场馆课程的实施对象一般是进行课外研学的中小学生。本研究以基于"馆校合作"的场馆课程开发为研究主题，主要采用文献研究法、实地调查法和案例分析法。

（三）确定研究方法

文献研究法：利用中外数据库平台（如中国知网、维普数据、万方数据等）、图书馆图书、期刊资源、自购书籍，以及国内外中小学官网、国内外场馆官网，搜集与本研究相关的中外文文献资料、场馆课程开发案例、场馆课程开发的书籍和网页等内容，结合新课标，基于核心素养，对场馆课程开发研究进行文本解读和整理分析。

实地调查法：实地调查法是从事各类资源开发研究的必备方法之一。笔者对北京科学中心进行多次参观访问，了解其发展现状，包括整体概况、馆藏资源、基础设施建设、馆内教育活动开展情况等，以便更好地开展后续科技馆资源的开发、整合以及课程设计。

案例分析法：研究选取国内外一些具有代表性的、比较成熟的场馆课程作为课程开发的分析案例，如北京史家小学与国家博物馆联合开发的馆校综合实践课程"漫步国博——史家课程"，美国杰纳西社区特许学校的"学习探险"场馆课程，中国科技馆的"科学家精神进校园"等，对这些场馆课程的课程类型、课程性质、主题选择、课程目标确定、课程资源整合与利用、课程内容组织、课程实施、课程评价等内容进行横向对比、深入分析和理论提炼，为论文写作提供真实素材和可靠论证依据，也为场馆课程开发的理论模型建构提供有益启示与借鉴。

本研究的技术路线如图1所示。

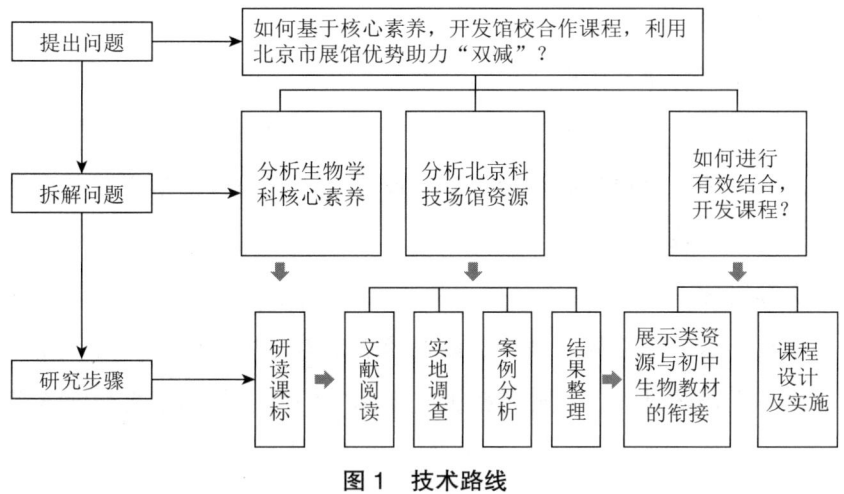

图 1　技术路线

三、研究结果与分析

笔者通过文献梳理总结了馆校合作选修课课程开发的十个关键环节，并在其基础上进行了丰富和完善。

1. 课程整体规划

在这个环节中，需要馆校进行对接，科技馆提供具体的展项资源，学校依据义务教育新课标和学生需求，与科技场馆合作进行课程研发，将馆校合作课程资源融合进学校高质量课程体系。

2. 跨学科专班组建

此处的跨学科专班不仅包括参与的学校各学科教师，也包括具备丰富专业知识的科技馆工作人员，他们共同组成研发专班。馆校合作课程课时主要来自学校综合实践课中的研究性学习课，一般是项目式，跨学科，今后可以根据学校需要和学生需求，使用选修课三点半的时段，还可以应用于周末或暑期托管。因此，在学校高质量选修课教育资源的研究中，馆校合作课程研发与实施工作的示范案例和科技馆与学校之间可供参考的合作机制，这些选修课教育资源中馆校合作课程的工作实践都具有重要研究价值。

3. 馆校资源统整

由于不同场馆资源是有限的，也各有特色和侧重，单一的场馆资源无法满足某一场馆课程开发的需要，往往需要跨馆进行资源调配与统整，将不同馆域的资源按照一定逻辑整合起来，因此该过程必须经过系统设计，才能将科技馆资源更好地转化为学生需要的教育教学资源。

4. 确立课程目标

将生物学核心素养作为核心概念，依据核心素养与场馆展项资源，进行场馆展项资源的核心素养图谱的开发，在此基础上提出本文的特点与创新之处即落实学生的核心素养。

5. 确定课程内容

探讨"馆校合作课程"的概念、特征与重要性。该部分首先对"馆校合作课程"核心概念进行界定。其次从课程环境要素、课程哲学观、课程内容、课程实施过程等不同维度论述了"馆校合作课程"的特征。最后从学生、教师、学校以及社会的发展四个角度论述"馆校合作课程"的重要价值，这是推动"馆校合作课程"开发与实施的重要动力。

6. 编制课程资源

即"馆校合作课程"的开发和实施。该部分从开发理念和理论基础、设计的原则以及开发的阶段三方面展开介绍，着重对"馆校合作课程"开发的阶段进行理论阐释，并从实施阶段、具体实施、影响该类课程实施的因素三方面展开论述。从三到六，双方根据课程研发需要，选择适用的资源进行研发，并将课程内容添加进学校课程体系中。在这个过程中，科技馆教育资源逐渐融入学校教育，馆校形成一种"齿轮咬合"的耦合机制。

7. 课程实验与教学诊断

课程研发出来后可以先小范围进行课程实验，如运用于科技馆的公教课程或者学校社团课程中，结合课程参与者问卷调研结果进行内容修订后，再根据学校选修课需要进行应用实践，该部分主要从"馆校合作课程"的评价标准、评价方式以及评价主体三方面展开，建构指向发展学生核心素养的评价标准。在此基础上，试图设计具有针对性的评价方式，促成评价主体多元化，真正促进学生核心素养的培育。跨学科选修课课程对学生的评价主要以过程性评价为主，兼顾学习成果评价和学生自评、同学互评、教师评价等形式。

就评价类型来看，采取诊断性评价与过程性评价综合的方式进行评价。一方面，根据相关量表对任务单完成情况，对问卷设计、汇报展示技巧、成果质量进行诊断性评价；同时，对研学过程中的学习表现、学习过程中的行为习惯进行过程性评价，并提出改进意见。就评价主体来看，采取自我评价、教师评价与同学互评相结合的多元主体参与的评价形式。结合相应量表，学生对自己的学习过程表现和学习过程进行自我评价；同学之间对小组活动过程中的成员表现及学习成果进行评价；教师结合学生的课堂表现、调研表现及成果展示进行整体评价。

8. 课程资源应用实践

主要是学校在选修课中使用该课程资源，满足学生的学习需求。

9. 课程资源推广

相关资源包括在课程研发、应用的过程中逐渐形成的丰富课程资源，如案例、活动、课件、论文等。

以上1—8几个环节有一个关键点需要注意，就是利用好信息化的技术手段，将课程形成电子资源包进行推广。

10. 课程成果固化

作为最后一个环节，教师应当帮助学生进行创意物化，形式可以参照以下两种：①考察探究：参观科技馆、访问相关人物、搜集相关资料；②设计制作模型、说明书、宣传册、研究报告等。学生运用思维导图、流程图等工具进行探究成果的梳理、提炼、加工、创作，最终完成创意科普剧、场馆解说词、生物模型等成果。馆校双方可以将优秀案例、优秀课程设计等作为示范电子资源，将成果通过公众号、媒体等进行广泛宣传，并且基于示范成果进行"分学段"、家长学校等课程资源的进一步研发，让学校的选修课设计工作再上一个新台阶。

四、结论与建议

笔者通过在北京市朝阳区进行馆校合作课程开发的实践，总结了三条课程开发的建议。

首先，结合学情，整理出本市科技场馆展项资源，为家长和教师提供科普地图，增加科技资源的利用率；整理出北京市的科技场馆展项资源，为家长和教师提供科普地图。

研究手段：

（1）实地考察。由于不同场馆资源有限，也各有特色和侧重，单一的场馆资源无法满足某一场馆课程开发的需要，往往需要跨馆进行资源调配与统整，将不同馆域的资源按照一定逻辑整合起来。

（2）将场馆课程资源与学科课程进行整合，在深入挖掘和把握场馆课程资源的人文价值、学术价值、美学价值等的基础上，以学生的兴趣、知识经验、社会问题为筛选条件，寻找场馆课程资源与学校学科课程密切相关的重要主题、关键概念、重要原理、重要问题等，再将资源根据一定的主题、逻辑或线索进行有意义的处理和编排。

（3）基于核心素养，依托场馆展项，开发实践作业，为广大中小学生提供展示自我的舞台，种下科学的种子。学生作为讲解员开展工作，参与正式演讲、问答时间和观众反馈等环节。使学生、教师、场馆工作人员、学生家长、学区教育官员、社区居民等多元主体都参与到课程展示与评价中，在展示、锻炼学生各项能力的同时完善学生的课程学习，开展一种发展性、民主性、多元性、生成性的课程评价，旨在提升场馆课程评价的创新性、有效性、发展性和民主性。

其次，结合课标，详细研究科技场馆的展品资源，画出义务教育阶段教材和新课标与科技场馆展项资源的对应图谱。

最后，结合核心素养，依托场馆展项，在真实情境中设计探究性跨学科课程，帮助学生形成物化成果。

参考文献

［1］卫泽.教育技术博物馆建设与场馆学习［M］.北京：科学出版社，2015.

［2］张婷婷.科技博物馆建筑设计研究［D］.哈尔滨：哈尔滨工业大学，2008.

［3］宋娴.中国博物馆与学校的合作机制研究［D］.上海：华东师范大学，2014.

［4］刘晓霞.基于核心素养的小学馆校合作课程资源开发策略研究［D］.西安：陕西师范大学，2019.

［5］万璐璐.课后服务教育资源中馆校合作课程实践研究［J］.中小学信息技术教育，2022（1）：32-34.

作者单位：北京第二外国语学院附属中学

培养活泼泼的人

——中小学生活动及其组织的祛魅与建构

李文亮

摘　要：教育的本质首先是培养活泼泼的人。当前，学校教育存在着对学生活动理解的浅表化现象，师生对活动的理解出现了片面认知、惰性认知和惯性认知的情况。从"活动"入手，按照时空划分，整合与建构学生活动为校内活动和校外活动，形成成长导师育人、学业导师育人、学校整体育人、社会力量参与育人四类育人活动，形成主题班会、学科活动、文化节庆和研学体验四种实施形式。通过创新学校组织架构、整合优质育人资源、梳理一体化育人活动形式，中小学生活动逐步回归，符合学生成长规律，更加契合教育本质，回应时代诉求。

主题词：学生活动；整合建构；拔尖创新人才

　　教育的本质，首先是培养活活泼泼的人。著名教育家蒋梦麟如是说。活泼是学生的一种健康阳光的状态，更是人的生命的一种温暖昂扬的姿态。在新时代立德树人、"双减"工作和拔尖创新人才培养的背景下，思考中小学生活动的现状、优化策略和发展思路显得尤为重要。《中小学德育工作指南》中"活动"一词出现了32次，《普通高中语文课程标准（2017年版，2020年修订）》中"活动"一词出现了99次。同时，国家新质生产力发展，迫切需要更多的拔尖创新人才加入到富国强国的队伍中来。因而，我们的教育在培养"专门人才"的同时，更要关注和顾及拔尖创新人才的全面发展。这对我们追问学生活动的本质以及如何创建恰切有益的组织更为迫切。

一、片面与遮蔽：当前对学生活动理解的浅表化

当前，学校教育存在着对学生活动理解的浅表化现象，师生对活动的理解出现了片面认知、惰性认知和惯性认知的情况。同时，活动更深广层次的内涵与外延被如此种种的片面理解所遮蔽。

这种浅表化理解往往将活动只理解为活动，指导活动的专业性不足，活动组织架构机械化等。具体来说，就是片面地将文件或通知中提及的"活动"二字理解为带着学生在校内外"搞活动"，认为只要"搞活动"就耽误学习时间、效率和成绩；对学科活动与德育活动产生剥离式认知，将活动理解为德育工作，将学科教学理解为教学工作；部分学校甚至在组织架构系统中将活动的策划与组织单纯交付给德育处，比如将朗诵比赛活动交由德育部门人员而不是语言类学科指导教师或是具有朗诵技能的专业人员来组织开展等。

长此以往，学生活动的真实化、立体化和丰富化程度都在降低。这直接会使得学生参与活动的积极性、教师指导活动的投入度和学校立德树人工作都在不同程度上受到冲击。究其根源，我们不难发现，对学生活动的浅表化理解的实质是对学生成长和教育规律认知的不确定性。

二、整合与建构：学科活动与德育活动的优化

从来没有哪一个时代像今天这样，国家、社会、学校和家庭对学生健康成长和未来发展倍加关注。这是时代发展和教育发展必然要面对的挑战和任务。尽管当前有诸多"名头"上的活动，但是分类的多元并不意味着我们无法对学生活动进行整合。其实，站在立德树人的角度来看，学生活动的要义在于教育活动。既然是教育活动，我们就不能机械地将各种纷繁多样的活动独立开来。为解决对活动的浅表化和剥离式认识，从"活动"这一关键概念入手不失为一条有益的路径。

学生活动的本质是为完成学生成长与发展等预定目标的行为动作总和。"活动"的外延有很多，目前中小学的活动类型主要包括学科活动、德育活动、实践活动、社

会活动等。这样的分类难免会让学校、教师和学生陷入纷繁与凌乱的困境之中。学生活动的主体肯定是学生，因此我们无法采用主体的分类依据。但是，我们可以按照活动的时空场域来进行划分，即发生在学校内的学生活动和发生在学校外的学生活动。校内与校外的学生活动就可以按照育人的组织者和实施者来进行分类，即成长导师育人活动（如系列主题班会活动）、学业导师育人活动（如美术等学科类活动）、学校整体育人活动（如文化节典礼等活动）以及社会力量参与育人活动（如研学体验类活动），如图1所示。

整合后重新建构的学生活动框架，立体地呈现出不同类型、不同育人功能的系列活动，这些活动共同促进班集体建设，助力学生终身发展。

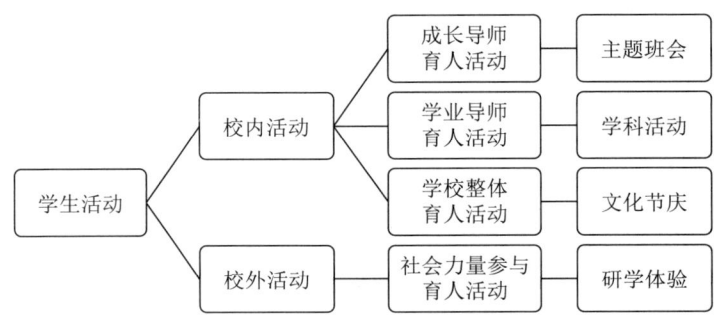

图1　优化后的学生活动框架

这些学生活动与班级建设的关系如何呢？我们从育人活动的功能和价值来看，成长导师育人活动主要是针对班级整体和个别学生及现象，主要解决班级建设中的管理育人和思想育人的问题。它能够让班级的思想氛围和秩序规则更加合理。成长导师育人活动在义务教育阶段，主要是班主任设计和开展的系列主题班会或主题活动，如在创建班集体形成班级文化认同的过程中，班主任需要从班规制定、卫生值日制度、考勤制度等多个角度着手设计主题班会，如为了培养学生良好学习习惯，班主任需设计系列习惯养成主题班会。

学业导师育人活动主要从学科活动的角度，如语文的听说读写、阅读朗诵、演讲写作等，用课程和学科文化实现育人的价值。它能促进教师的"教"与学生的"学"的和谐发展，进而提升学生学业兴趣和持续发展的动力。学业导师育人活动的主要实施者是学科教师，是基于学科知识本质和学科核心素养的培养，设计以学生为主的学习活动，让学生在活动中感悟到学科价值。比如数学学科严密的逻辑性，是通过层层递进的问题串帮助学生建构知识框架，发展思维能力。

学校整体育人活动如文化节、主题活动或典礼等，如果能以班级为单位，以年级为组元，那么班级凝聚力和创新力将得到快速提升，特别是以班级为单位进行校级展示的时候，从班主任和任课教师到班干部，再到每一位学生，师生都本着提升班级荣誉的目标来参与活动。学校整体育人活动是班主任与班级所有成员作为一个共同体参与的活动，比如体育运动会，文化艺术节等，班集体凝聚力在这样的活动中逐步增强，班级成员之间的纽带逐渐牢固，班级内核不断增强。

校外社会力量参与育人活动不仅能弥补校内教育的不完善或育人力量的不充裕，还能在更大程度上发展和完善学生的社会性与实践性。校外活动作为校内活动的必要补充，为学生的发展搭建了平台，为班主任帮助学生成长提供了多个视角，在参与的过程中，学生内心的潜能被激发，各方面能力得以增强。

三、回归与瞻望：学生成长与教育发展的规律

如何对片面的、零散的、单向度的活动进行优化呢？学科活动和德育活动能否找到一条立体优化发展之路呢？整合与建构或许是当前解决学生活动策划、组织和实施的应有之义。

所有的学生活动策划与实施的智慧终须深入贯彻落实立德树人根本任务，按照学生成长与教育发展的规律进行"施工落地"。同时，需要在学校理念和特色办学的驱动下，着力推进理想信念、社会主义核心价值观、中华优秀传统文化、生态文明和心理健康五大德育内容，在全员育人、全程育人和全过程育人中，扎实课程育人、文化育人、活动育人、实践育人、管理育人和协同育人六条实施路径（见图2）。

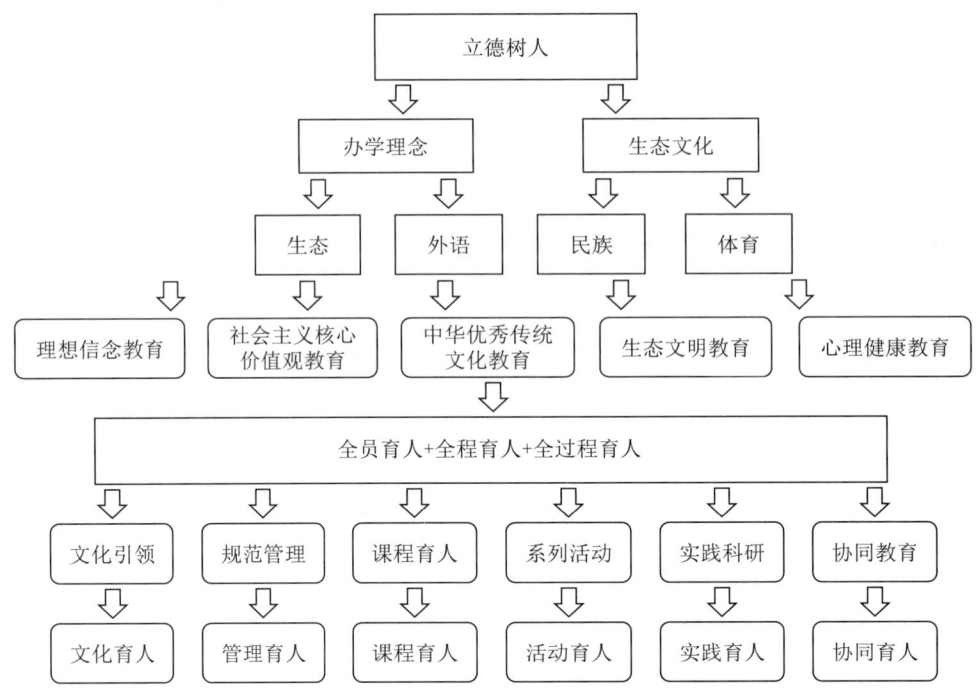

图2　基于特色办学的学生活动蓝图

创新学校组织架构，将教学处和德育处整合为教育处，主要围绕师生的思想品德、学习评价和其他事项进行管理。教育处在制订学生活动计划时，统筹考虑上级组织、学校构想、年级设计和学生兴趣发展等综合因素，制定明确的、系列的活动设计与安排。以高中类学生活动为例，高一年级第一学期可以开展"青春激扬"主题中英文诗歌朗诵与写作征文活动，第二学期可以开展"红楼梦"朗读录音和情景剧表演活动；高二年级第一学期可以开展"中国古代和西方的魅力"学术演讲活动，第二学期可以开展关系型中英文辩论赛活动；高三年级第一学期可以开展升楼仪式师生朗诵活动，第二学期可以开展百日冲刺誓师宣讲活动。高中三年的语言类学生活动多样，从感性认识上升到理性思辨，从读写结合到线上线下融合，从情景表演到仪式教育，学生经历了不重样的、真实立体的活动。这些活动的策划与组织由教育处负责人、年级主任和学生共同完成。这意味着，教育处和年级的任课教师共同参与到学生活动中。一种相对真实立体的、不是为完成工作任务而是为培养学生的活动就产生了。

整合校区、学段、年级和班级的教职工资源，拓宽学生活动开展与指导的渠道。

"双减"背景下学生活动的应然状态是开放的、多样的和有效的。然而教师和教育服务的数量和质量应该从何处着力呢？以初中学段的课后服务为例，学校可以重新核算本学段和其他学段中能够参与到课后服务中的人力及物力资源，调查各学段中能够开发并实施素质活动教育的教师，开设体育、科技、艺术、环保和医药等方面的活动课程。例如，某校校医的专业背景是中医学，该校医就可以结合自己的特长开设关于中医药及养生学方面的课程，可以在校园的生态基地指导学生种植、观察和炮制中药材。这样的整合其实也是建构，既在梳理教育资源的过程中整合出了课后服务力量，也为学生的多元发展和职业生涯规划乃至中医药学的传承与发展奠定了基础。

梳理活动育人方式，构建班级—年级—学校活动的螺旋式发展。我们的班级建设如何通过活动来促进班级优质发展呢？《中小学德育工作指南》提出课程育人、文化育人、活动育人、实践育人、管理育人、协同育人。在课程育人的整体框架下，班级—年级—学校活动的螺旋式框架能够较好地解决当前中小学生活动开展中的困境。在班级建设中，班主任可以开展系列主题班会，学科教师指导学科类活动，年级学段组织研学体验类活动，学校组织文化节等大型展示活动。其中的逻辑关系是怎样的呢？班级自主开展活动要抓好主题班会这个重要着力点，在每周每月的主题班会中对学生的思想建设、行为习惯和学业发展进行系统性的教育活动。这是距离学生最近的也是最快捷的教育活动。学科教师指导学科活动应该是常态化的，比如历史教师指导学生参加节日纪念日活动，从历史渊源和精神内涵的角度开展；理工科等教师指导学生参与科技比赛活动。这种指导的理想状态是师生互动的，即教师主动去发现和指导具有兴趣特长的学生，学生也可以主动寻找并接受具有专业背景的教师的指导。这种指导的应然状态不是被动的、委派的，而是自主的、交互的。年级组在开展研学体验类活动时，应该以项目学习与实践的方式开展，有三种方式可以推进：第一种是教师发布核心项目，由学生制作项目学习方案；第二种是年级组教师结合学生情况，设计适宜年级的项目方案；第三种则是以班级为单位将项目进行拆解和承包，由学生的指导教师（包括成长导师）指导相应班级的学生完成。当然，也只有将班级、年级和学校的育人活动打通，才能实现班级育人活动的最大增值，否则就是一座座孤立的小岛，终究无法连成巍峨的山峰。

培养活泼泼的人，开展活泼泼的活动。我们向何处回归？中小学生活动及其组织要回归到真实的情境和系统的架构中。只有真实的育人情境、真实的育人过程、真实的育人目标，学生活动才会有更加真切的育人效果。譬如劳动教育活动的实践经验和成果是否可以继承与发扬，学生在当下和未来有没有劳动精神和劳动的实际需求。我们又向何处瞻望？中小学生活动应该瞩目于学生成长的当下甚至是更长远的未来，特别是在关键拔节期，应该瞩目于国家和社会的发展趋势，应该瞩目于国际化人才培养的长远目标。

或许，我们对活动的理解或误解较为深刻，但是中小学生活动并不能仅以方式的名义存在，而更应该成为学生成长的重要平台和立德树人的关键载体。事实上，每一位师生都处在活动中，每一位师生都受到活动带来的恩惠！

参考文献

[1] 中华人民共和国教育部.中小学德育工作指南［Z］.2017-08-17.

[2] 李先军.美国中小学拔尖创新性人才培养策略［J］.北京教育（普教版），2023，11（1）：18-20.

[3] 熊永昌.大中小学拔尖创新人才一体化培养模式的实践探索［J］.北京教育（普教版），2023（11）：10-12.

[4] 褚宏启.中小学有没有培养拔尖创新人才的责任［J］.中小学管理，2024（2）：60-61.

[5] 李宗魁，张雯雯.如何以生成活动提升学生创造力：以项目化学习过程为例［J］.现代教育，2024（4）：21-25.

作者单位：北京第二外国语学院附属中学

转念之间，行中育人

——一个"妄自尊大"的孩子的集体"拯救"

侯艾君

摘　要：教育教学中，如果师生之间的知觉认知存在"图形—背景"[①]现象，存在认知失调，育人于事，你会如何转换你心中的背景图像，从而实现认知协调呢？

育人的每一场相遇，都是一次认知的碰撞，要给孩子搭建适恰的"背景图形"转换的脚手架，让他们能够积极地对事，用阳光的心态对人，用积极的力量主宰思想。转念之间，在行动与实践中育人以自省。

主题词：认知失调；图形—背景现象；行中育人

一、源起：一份关于食堂的调研

又是周四的晚间小班会，我正兴高采烈地走在走廊上，准备去向班级宣布，为了喜迎中秋庆团圆，在前期家委会的辛勤策划下，班级"包你暖心，饺饺真情"的包饺子活动将如约而至……

我刚进入教室，就听到班级生活委员小黄正在宣读有关食堂伙食的调查问卷，还没等黄同学宣读完，小胡就情绪激动地说道，食堂的饭菜不好吃，味道不合适，品种数量太少。小黄见状说："要根据事实，公正地反馈，学校伙食我个人感觉花样挺多的。"可是还没等到小黄说完，小胡立马又张牙舞爪、亢奋地说："那个菜有点咸、价格就是高、油就是有点多、品种每天起码也得有十几样嘛。"小胡说得面红耳赤、唾

[①] 心理学上，知觉中的"图形—背景"现象，是指我们在知觉的过程中倾向于把对象分为图形和背景，背景就像"幕布"一样，使最前面的显眼的图形凸显出来，同时图形和背景又可以相互转换。

液横飞。我见状说："大众伙食众口难调，既然学校还在做调查问卷，那么说明学校还是在尽量满足大家对口味和品种的需求，你先要怀有感恩之心，然后再适当提出具体要求即可，不必妄自臆断。"小胡的声音又响起："那些煮饭的厨师就是傻子，调味都不会。"此时，班级里的空气好像静止了，只听见窗外树叶被风吹落的声音。

看着不以为然的小胡，听着他言语间对他人的各种挑三拣四、随意贬辱，我的心一颤，似乎我与孩子对眼前凸显出来的背景"幕布"认知是迥然不同的，那如何将消极的认知图形转换为积极的呢？

二、溯源——多元因素的"认知失调"

晚自习间，我平复好心情，把小胡叫到面前，严肃地问道："你为什么说话总是看似'实事求是'，实则'挑三拣四'，甚至'污言秽语'呢，对班级、对同学、对学校甚至是食堂阿姨等，你都能因某些事情说出一些伤害他人的话。你认识到过自己这些言语造成的一些负面的影响吗？"

此时他仍然不以为意，觉得自己的言行没有问题，认知正确，见状我就一一列举近期发生在他身上的事情，希望让他能对自己的言行有个新的认识。

物理课堂上，他无视老师的要求，大声发表与课堂无关的言论，同学们忍无可忍，开始公然反对他的言行。

足球比赛中，当对手班级提出因点球计数有误，我班还没有取得胜利，比赛仍需继续时，这本是事实，结果他却公然挑衅，不屑地说"再来一次又怎样，还是碾压你们"，以致班级间学生情绪化，出现口角之争。

在班级整日瞌睡迷糊，却一直自信"就算眯着眼睛学，我也比那些成天就知道死读书的同学的成绩好"，结果成绩一直班级倒数，以致大家都私底下调侃地称呼他为现代版的"孔乙己"，并且他与班级部分同学的关系也日渐淡薄疏远。

……

结合以上事例，我指出他的一些"妄自尊大"的言行，难免会对他的身心带来一些负面的影响，同时，我也请了班级的3位同学分别从小胡的人际交往、师生关系、学习情况等方面，当面客观地对他进行优点和缺点的评价。

至此，小胡才意识到自己的认知与言行失调，他也开始向我讲述他的一些经历。

我知道这是一个不合群的孩子，他表现出的"妄自尊大""言行反感"的不合常理的认知，其实是他"自卑""不自信""求关注"的一种外化表现，此时我只是静静地倾听着，在心中不断提炼他所讲述的信息。

（一）家庭问题

从他讲述的事件当中，我提炼出了一些有关家庭的问题。

他说，他从小生活在一个还算不愁吃穿的三口之家中，爸爸是工程师，经常出差，妈妈是一位医生，平时工作也非常忙，他一般都是住校，只有周末才回家，与父母的交谈较少，所以也不太擅长言辞，而且从小也不太会换位思考事情，故一般都是我行我素的，不太愿意听取别人的意见，喜欢"嚼嘴巴"，盲目狂妄。

他还说，爸爸对他的要求较高，在小学或者初中，如果成绩考差了，爸爸就会打他，反而到了高中，虽然成绩依旧不如人意，但是爸爸却放任不管，任其发展，他有种被放弃感，久而久之，他开始在语言上与他们对立，脾气也就越发暴躁，学习上更加缺乏目标与动力，喜欢"较真"。

（二）班级原因

小胡说，在班级中，很多同学都有明确的学习目标，并且多才多艺，而自己在班级中成绩不算突出，人际关系也不是特别好，感觉自己就是个小透明，活着也似乎没什么价值。

他还说，其实他也很想为集体贡献一份力，可是总感觉班上的师生不信任他，与他有些疏远，既然没有归属感，那还不如自己欣赏自己，满足自己的要求就好，想做的就做，该骂的就骂，该据理力争的就争。

我理解地说："过去的日子，你受苦啦，但老师不想你一直以这样的错误认知来提升你在别人眼中的价值，因为你身处其中，也深受其害，其实你也并不快乐。"他缓慢地摇摇头。我能感受到，他其实也想改变。

（三）个人问题

了解了该同学的情况后，我便开始了紧锣密鼓的信息采集工作。我全方位多角度地了解该同学的表现情况。

同学们说，他说话阴阳怪气，课堂上喜欢哗众取宠，总喜欢揣测别人的意见，喜欢带一些负面的节奏。

老师说，他头脑灵活，但是说话难听，自以为是，对自己的定位不准，自大狂妄。

孩子家长说，孩子说话做事话太多，不珍惜当下，好高骛远，只知道索取，同理心较弱。

据我的观察，他因身体胖乎乎，成绩不理想，缺乏自信，较为自卑，从而用言语来掩饰自己的脆弱，其实他内心还是一个渴望被肯定的孩子。

三、探索——制定全角度的方案

根据以上问题，我做了一系列的方案。

（一）集体方面

针对集体边缘化的问题，我采取以下系列活动。

（1）开展三次主题班会活动，分别是《我和我的班级》《我和我的同学》《我是不一样的烟火》。

（2）组织两次班级活动，开展辩论赛《语言的"暖"与"恶"》和《你能接受自己是一个不完美的人吗？》。

（3）日常教学中，我还慢慢引导全班同学发现同学好的变化，引导他们接纳同学的独特个性，引导他们关注身边的好人好事，这样逐渐打破对同学的一些刻板印象。

（4）为了能够促进孩子正确表达，同时能够让同学们感知被"发现"和被"关爱"，我联合科任老师，将一些孩子分配给与其关系较好的科任老师，让老师们平时在学习和生活中多给予帮助和关爱。

（二）个人方面

在该孩子的交往方面我也很注重日常的引导，在调查中了解到，该同学说话时语气语调有点阴阳怪气的，并且喜欢评论别人的缺点，随意点评别人，故我针对这些问题，对该同学进行了训练。训练如下：

（1）大声朗读意气昂扬的文章或古诗文，并真诚地赞美班级或学校的某个人——训练他大气阳刚的语气语调和发现美的能力。

（2）每天发现班级同学或者校园食堂、保洁人员等的三个优点并向我汇报——训练他关注别人的长处，促进认知觉醒。

（3）负责教室内的绿植的修剪和照料——训练他"安心怡情"的心态，修身养性，改善急躁的性子。

（三）家长方面

1. 全班家长——《给全班家长的一封信》

（1）达成共识：共同营造一个温暖和谐的班级。

（2）引导做法：在一个集体中，没有谁是局外人。

①引导孩子少抱怨他人，多改变自己；

②引导孩子多发现优点，多欣赏他人；

③引导孩子多关注集体，少个人计较。

2. 该生家长

①建立联系日志，定期交流家校变化（背后交流，保证隐私）；

②引导交流方向，多与孩子谈论趣闻（关注乐闻，强化积极）；

③减少语言关注，不强化其交往问题（减少明示，弱化关注）。

四、改变——两次情境的变化

（一）中秋佳节"包饺暖心"活动

秋至，班级开展中秋佳节庆团圆活动。我说："小胡，你敢不敢接受我的挑战？这次包饺子活动，你负责调制饺子的味道，包制10个水饺并蒸煮，最终你的这10个水饺也代表你们组作为参评作品，如何？"小胡昂着头说："调就调，包就包，不就是包饺子吗？这有什么难的，我一定会制作出颜值高、味道美的饺子出来。"

第二天，小胡找到我说："我昨晚想了想，饺子要想味道鲜美，颜值高，得需要提前准备些辅料和工具，我是住校生，没法提前准备。""辅料家委会都已提前备好，你只负责调制—包制—蒸煮，期待你的美味佳肴。"他笑了，我也笑了。

窗外清风正柔，云朵悠悠，似乎对于同一对象，我们的认知开始有些趋同。

周末，包饺子活动如期而至，班上的同学，个个都笑容满面，神采飞扬，撸起袖子加油干，在一片欢声笑语中，"包你暖心，饺饺真情"的包饺子活动现场热闹非常，尤其是小胡同学四周，围满一群同学，毕竟他的作品是要拿去参评的，小组同学都非常关心他的进展。有同学说"小胡，你的馅儿有点咸，是不是放多了点盐"，有同学说"你的馅儿有点稀，等下可能会露馅"，小胡自信地说"没问题"。此时只见他右手持饺子皮，左手一大勺肉馅放在饺子皮上，两手把皮边缘一捏，一个饺子就完成了。他得意地说："轻松拿捏。"同学们相视一笑，说"别太迷之自信"。果然不一会儿，一个个水饺都耷拉在桌子上，有的皮裂开，肉馅流出汁液，已不成型。此时他着急得满脸通红，身边的同学感受到他的焦灼，纷纷出谋划策。

在同学们的鼓励及"包饺子"动作示范下，饺子皮在捏合过程中慢慢服帖，包好的水饺圆嘟嘟的。在同学们的齐心协力下，小胡的水饺终于"千呼万唤始出来"。当评委们在品尝时，他高度紧张，一直询问："好吃吗？美观吗？"评委们首先肯定了他的努力和用心，然后评价水饺"独特"的外形和味道，并表示上升的空间很大。

小胡和同学们都面面相觑，哈哈大笑起来，小胡害羞地说"真不容易"。

转念之间，我们眼前的认知"图形"似乎越发相似，认知似乎协调了许多。

（二）一封志愿信

不知不觉，秋天已来，不过天气仍暖，窗外的银杏叶也在树梢静静地享受着午后温柔的阳光，操场的绿茵场上，一群青春少年正热烈地打着排球，一阵阵欢声笑语，充满青春活力。

小胡朝我迎面跑来，说"侯姐，这个给你"，只见他把一个信封递到我手中，然后就朝教室方向跑去。信中写道："侯姐，我思考了很久，我想把这些话说给你听，我为上次在班级中说的那些没经过脑子的话，说声对不起，我意识到所有的劳动都需要付出辛苦的汗水，说话做事都应该三思而后行，不能逞口舌之快，随意去否定别人的劳动成果，我很想对食堂的叔叔阿姨说声辛苦了，但是感觉有些难为情，那就用实际行动弥补吧，我已加入食堂志愿者团队，成为维护食堂卫生和秩序的一员……"

转念之间，"消极"的背景凸显出"积极"的图形，温暖且明媚……

每一场相遇，都是一次认知的碰撞，心怀温暖与积极，给每个孩子以背景图形转换的脚手架，让他们能够积极地对事，用阳光的心态对人，用积极的力量主宰思想。转念之间，在行动与实践中育人以自省。

作者单位：北京第二外国语学院成都附属中学

浅谈数学文化在中考数学试题中的渗透

——以2019—2023年西藏自治区为例

陈芙蓉

摘　要：随着课程改革的推进，数学文化在中考数学试题中的渗透类型、程度等有了新的发展。笔者梳理了近5年西藏自治区中考数学中的文化类试题，从背景、类型、运用水平、学生行为期望及考查知识点等方面进行分析，并从中选取具有教育价值的代表性文化类试题进行赏析。据此得出试题命制的三点启示：丰富试题文化类型，实现育人目标；深度融合数学文化，培养关键能力；拓宽试题文化领域，提升核心素养。

主题词：数学文化；中考数学；渗透

《义务教育数学课程标准（2022年版）》指出："数学承载着思想和文化，是人类文明的重要组成部分。"课程内容选择方面，"关注数学学科发展前沿和数学文化，继承和弘扬中华优秀传统文化。""试题命制要适当引入数学文化"。近年来，数学文化逐渐成为数学教育研究的热点，对试题中的数学文化的研究也如雨后春笋。张维忠等通过对2016—2019年的各地高考试题进行梳理，得出了对文化类试题进行分析的框架；曹文杏等据此框架并拓展其他要素评析了2016—2020年的全国卷的文化类试题；徐争、张维忠以此为框架分析了2018—2022年宁波市中考数学的文化类试题。通过检索发现，对高考数学中文化类试题的分析较多，而对地方中考文化类试题的分析较少。中考是指初中学业水平考试，是提高学生综合素质的重要途径，起承上启下的作用，决定着学生对未来教育和职业道路的选择，是重要的人生节点。故地方中考数学文化类试题评析对地区的数学教育发展有其价值，了解命题的文化内容，可以促进教师的教和学生的学。本文以 2019—2023 年西藏自治区中考数学试题为例，分析试题中的文化渗透，探寻中考数学文化类试题的命制特点，为试题命制提供参考。

一、数学文化及其试题分析框架

（一）数学文化

"数学文化"的内涵至今没有统一的定义，本文采用大多数研究所选用的顾沛教授的解释，即："简单说，是指数学的思想、精神、方法、观点，以及它们的形成和发展；广泛些说，还包含数学家、数学史、数学美、数学教育、数学发展中的人文成分、数学与社会的联系、数学与各种文化的联系，等等。"

（二）数学文化类试题分析框架

张维忠等基于对数学文化内涵的理解，对数学试卷中的文化内容类型进行分类，分为"数学史、数学与生活、数学与科技、数学与人文艺术"四类。唐恒钧等对试题中数学文化的融入方式进行分类，分为"附加型、可分离型和不可分离型"三类。曹文杏等对"学生行为期望"要素进行分类，分成"理解、运用、分析"三种水平。基于以上对数学文化的阐述，形成了本文对中考数学文化类试题进行分析的框架（见表1）。

表 1　数学文化类试题的分析框架

数学文化内容类型	数学文化融入方式	学生行为期望
数学史 数学与生活 数学与科技 数学与人文艺术	附加型 可分离型 不可分离型	理解 运用 分析

二、近 5 年西藏自治区中考数学文化类试题的分布特点

本文选取研究对象为 2019—2023 年西藏自治区中考数学试卷中的数学文化类试

题，结合上述分析框架（见表1），从题型、背景、数学文化内容类型、数学文化融入方式、学生行为期望和所考查知识点等方面进行分析，给出近5年西藏自治区中考数学试题的数学文化分布统计表（见表2）。

表2 2019—2023年西藏自治区中考数学试题的数学文化分布特点

年份	题号	题型	背景	类型	融入方式	学生行为期望	考查知识点
2019	2	选择题	精准扶贫	数学与生活	可分离型	理解	科学记数法
	11	选择题	分发书本	数学与生活	不可分离型	分析	一元一次不等式组
	21	解答题	课余爱好	数学与生活	可分离型	分析	统计与概率
	22	解答题	生态环境	数学与生活	不可分离型	分析	分式方程的应用
	23	解答题	国产航母	数学与科技	可分离型	分析	解直角三角形的应用
2020	3	选择题	失业保险	数学与生活	可分离型	理解	科学记数法
	8	选择题	体温监测	数学与生活	可分离型	理解	众数中位数平均数
	21	解答题	运动会	数学与生活	不可分离型	分析	统计与概率
	22	解答题	信号塔	数学与生活	可分离型	分析	解直角三角形的应用
	23	解答题	脱贫攻坚	数学与生活	可分离型	分析	一元二次方程的应用
2021	2	选择题	脱贫攻坚	数学与生活	可分离型	理解	科学记数法
	22	解答题	购买幼苗	数学与生活	可分离型	分析	二元一次方程组的应用
	23	解答题	民族团结	数学与生活	不可分离型	分析	统计与概率
	25	解答题	建筑物高度	数学与生活	不可分离型	分析	解直角三角形的应用
2022	3	选择题	神舟十三号	数学与科技	附加型	理解	科学记数法
	4	选择题	运动会	数学与生活	不可分离型	理解	众数
	14	填空题	池塘宽度	数学与生活	可分离型	运用	三角形中位线定理
	17	填空题	骑行	数学与生活	可分离型	理解	函数图像
	22	解答题	劳动时间	数学与生活	可分离型	分析	统计与概率
	23	解答题	发放本和笔	数学与生活	不可分离型	分析	一元一次不等式和分式方程的应用
	25	解答题	树的高度	数学与生活	可分离型	分析	解直角三角形的应用

续表

年份	题号	题型	背景	类型	融入方式	学生行为期望	考查知识点
2023	3	选择题	知识产权	数学与生活	可分离型	理解	科学记数法
	22	解答题	学生伙食	数学与生活	可分离型	分析	统计与概率
	23	解答题	电视背景墙	数学与生活	可分离型	运用	二元一次方程组的应用
	25	解答题	轮船航行	数学与生活	可分离型	分析	解直角三角形的应用

由表2可知，近5年西藏自治区中考数学文化类试题数量共有25题，在分布上具有如下特点：

（1）试题数量方面。每年中考数学共有27道试题，其中，文化类试题占比：2019—2020年5题，占18.52%；2021年4题，占14.81%；2022年7题，占25.93%；2023年4题，占14.81%。整体上看，近5年中考数学中文化类试题有所增加，2022年占比甚至高达25.93%，可见数学文化在中考试题中渗透的重要性有所提高。

（2）试题题型方面。2019年、2020年、2021年、2023年主要是在选择题和解答题中渗透，尤其重解答题。2022年选择题、填空题、解答题均有涉及，选择题数量相比之前有所增加；填空题数量有2题，解答题保持不变，这表明题型侧重开始有所改变，更趋向于平均分配。

（3）试题背景方面。试题背景既有体现当地文化特色的内容，如藏族人数的统计、不同民族的饮食需求等，也有时事热点，如脱贫攻坚、民族团结等，还有中国最新科技成果，如国产航母、神舟十三号飞船。

（4）文化类型方面。总体上看，数量最多的是数学与生活类试题，而数学与科技类最少。2019—2023年文化类试题共25题，数学与生活类占92%，其余是数学与科技类，可见西藏中考数学过去十分注重数学与生活的联系。

（5）融入方式方面。附加型文化类试题出现的次数较少，仅2022年出现1题；可分离型文化类试题和不可分离型文化类试题的占比波动较大；可分离型试题除2023年占比为100%外，其他4年占比在40%~80%，不可分离型试题2023年占比为0，其他4年占比也均不高，可见试题命制时未很好地将数学文化融合到试题中，较难体现用数学解决文化类试题的特点。

（6）学生行为期望方面。整体上看，理解水平的考查主要集中在选择题，而解答题主要考查运用和分析水平。每年都有考查理解水平的文化类试题，考查形式比较稳定，近5年占比总体平均为32%。对运用水平的考查只出现在2022年和2023年。对分析水平的考查呈现下降后上升再下降、上升的趋势，近5年占比总体平均为60%。可见，西藏自治区中考数学命题者注意调整不同考查水平的试题占比，不过并未弱化理解水平的试题占比，即仅理解知识即可解决问题，与新课标积极提倡学科融合的方向不谋而合。

（7）考查知识点方面。每年考查的知识点主要集中在科学记数法、勾股定理、三角函数、统计与概率，其次是分式方程、一元一次不等式组、二元一次方程组，即主要在"数与代数""统计与概率""图形与几何"三大领域。可见，每年考查的知识点是比较相似的，题型也比较相似。

三、近5年西藏自治区中考数学文化类试题赏析

（一）数学与生活类

例1（2021年西藏中考真题）：2020年12月3日，中共中央政治局常务委员会召开会议，听取脱贫攻坚总结评估汇报。中共中央总书记习近平主持会议并发表重要讲话。指出经过8年持续奋斗，我们如期完成了新时代脱贫攻坚目标任务，现行标准下农村贫困人口全部脱贫，贫困县全部摘帽，消除了绝对贫困和区域性整体贫困，近1亿贫困人口实现脱贫，取得了令全世界刮目相看的重大胜利，将100000000用科学记数法表示为（　　）。

A. 0.1×10^8　　　B. 1×10^7　　　C. 1×10^8　　　D. 10×10^8

赏析：数学与生活密不可分。脱贫攻坚是一项重大的历史工程和民生工程，通过其得到的信息是国家进行政治、经济等决策的重要参考。本题以2020年全国脱贫人口数量普查为背景，给出经过8年持续奋斗，近1亿贫困人口实现脱贫。本题主要考查学生的数据观念和运算能力。学生在解题中了解全国脱贫人口数量变化特点，体会数学应用于社会生活的应用价值。

（二）数学与科技类

例2（2019年西藏中考真题）：由我国完全自主设计、自主建造的首艘国产航母于2018年5月成功完成首次海上实验任务。如图，航母由西向东航行，到达B处时，测得小岛A在北偏东60°方向上，航行20海里到达C点，这时测的小岛A在北偏东30°方向上，小岛A周围10海里内有暗礁，如果航母不改变航线继续向东行驶，有没有触礁危险？请说明理由。

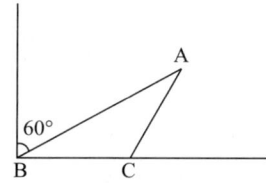

赏析：我国完全自主设计、自主建造的首艘国产航母于2018年5月成功完成首次海上实验任务，体现了中国的科技自信。本题以国产航母为背景，考查学生的分析问题能力、运算能力，学生通过试题感受中国科技的发展，提升民族自豪感。

四、结论与启示

通过对近5年西藏自治区中考数学文化类试题的分析可以发现，中考数学中文化类试题的比重有所上升，试题命制越来越重视文化育人，注重增强学生文化自信，关注学生核心素养的培育，且越来越关注时事热点。但命题还存在以下问题：①试题文化类型分布不均衡。数学与生活类试题占比超七成，数学史、数学与科技类试题极少。②数学文化的运用水平设计有待改善。不可分离型文化类试题占比不足一半，运用数学知识解决文化的具体问题方面有待加强。③考查知识点分布不平衡。文化试题类型主要集中在"数与代数""统计与概率"领域，较少涉及"图形与几何"领域。基于以上研究结论，本文得出如下启示。

（一）丰富试题文化类型，实现育人目标

科学技术是第一生产力，国家的进步离不开科技的发展。数学是一切科技发展的基础，一个国家科技的发展与数学的发展是分不开的，数学文化类试题应当对科技有所体现。让学生感受数学的重要性，感受国家科技发展的力量，提升对数学的喜爱及对国家的自豪感。数学史和人文艺术类情境是培养学生高尚情操的良好素材。例如，《海岛算经》中的测距问题，《九章算术》中的长度测量问题，比萨斜塔与平行线的性质，希腊帕特农神庙与平行四边形等。数学史中许多古人的智慧、古人的曲折思考历程，人文艺术中许多反映数学美的作品，都能让学生感受到数学世界的波澜壮阔，感悟数学的审美价值。

（二）深度融合数学文化，培养关键能力

试题的命制应当做到较好地将数学文化融合到试题中，即应当设计较多的不可分离型文化类试题。例如，《孙子算经》中的"鸡兔同笼"问题，《几何原本》中欧几里得对勾股定理的证明问题，一定数量的同学生日是否相同的问题等。这类试题能体现用数学解决文化类试题的特点，让学生真正体会数学在现实生活、科技、历史、人文与艺术中的应用。学生在解决问题的过程中做到真正投入，才能培养抽象、运算等能力，提升应用意识和创新意识。

（三）拓宽试题文化领域，提升核心素养

图形与几何领域的学习强调"实验探究、直观发现、推理论证、运动变化、变化中的不变量、数形结合、量化分析"等，通过初中阶段的学习，学生将进一步建立几何直观思维，提升抽象能力和推理能力。数学文化融入图形与几何领域是锦上添花。例如，《九章算术》中"圆材埋壁"问题与圆，中国窗花作品与轴对称图形，大禹治水勾股测量术与勾股定理，古埃及金字塔与正四棱锥等。这类试题从数学文化出发考查图形与几何内容，培养学生分析和解决问题的能力，能更加全面地提升学生的核心素养。

参考文献

[1] 中华人民共和国教育部.义务教育数学课程标准（2022年版）[M].北京：北京师范大学出版社，2022.

[2] 张维忠，金月丹.高考试题中的数学文化内容类型研究：基于近5年高考试卷的量化分析[J].中学数学月刊，2020（6）：26-29+34.

[3] 曹文杏，胡余旺.高考数学中数学文化类试题特征及其评析：以2016—2020年全国Ⅰ卷、Ⅱ卷、Ⅲ卷为例[J].教育测量与评价，2021（5）：49-57.

[4] 徐争，张维忠.数学文化在中考数学试题中的渗透：以2018—2022年宁波市中考数学为例[J].中学数学月刊，2022（12）：46-49.

[5] 顾沛.数学文化[M].北京：高等教育出版社，2008.

作者单位：北京第二外国语学院拉萨附属中学（拉萨市柳梧初级中学）

借文化之力,筑育人根基

——初中班级文化建设策略研究

林伯静

摘　要:《中国教育现代化2035》重点部署了面向教育现代化的十大战略任务,"发展中国特色世界先进水平的优质教育"是重要战略之一,其核心内容包括全面落实立德树人根本任务,大力推进校园文化建设,形成全过程与全方位的文化育人体系等。初中班主任优化班级文化是推进校园文化建设的重要途径,能够为学生健康成长营造良好氛围与环境。在此背景下,文章以"借文化之力,筑育人根基"为抓手,围绕"加强初中班级文化建设"这一中心开展研究,先阐述了初中班级文化建设原则,随之从明确班级文化主题、完善班级制度文化、班级环境文化建设、开展集体文化活动四个方面探讨了加强初中班级文化建设的有效策略。

主题词:初中;班级文化;建设策略

习近平总书记提出,要把立德树人的成效作为检验学校一切工作的根本标准,真正做到文化育人。文化育人不是灌输、说教、约束、强迫,而是以文育人、化人、润人、服人与导人,通过文化濡化让学生受到潜移默化的熏陶感染、滋养浸润。故而,为实现文化育人必须加强校园文化建设,而初中班主任需要认清这一形势,创新优化班级管理,将班级文化建设作为现阶段的重点工作,积极探索优化班级文化的途径,使学生在良好的班级文化熏陶下形成良好的学习和精神文明风貌。

一、初中班级文化建设原则

（一）坚持以生为本

学校文化育人的对象是学生，目的是培养德智体美劳全面发展的社会主义建设者和接班人，培养堪当民族复兴大任的高质量人才。文化育人视角下的初中班级文化建设也是如此，班主任需要视"以生为本"理念为基石，将其贯穿于所有工作始终。具体来说，大致分为两个方面：首先，学生在不同的成长阶段有着不同的身心发展需求，班主任应明确初中阶段学生的身心发展规律，将其作为班级文化建设的重要参考；其次，班主任应认清自己在班级文化建设中的角色，明确学生在班级文化建设中的主体地位，保障学生拥有足够的话语权[1]。

（二）坚持特色鲜明

班主任具有丰富的班级管理经验，形成了固定的管理模式，这虽然在一定程度上能够提高班级管理效率，但这种如同模板似的管理模式无法助力学生个性化发展，也无法彰显班级特色。故而，班主任在班级文化建设中应注重文化特色，追求个性发展。具体而言，班主任需要分析班级学生的共性与差异，结合学生的实际情况提出班级文化的特色内容，与学生一同讨论，鼓励学生提出自己的看法，确定所有学生皆认可的班级文化特色内容。与此同时，班主任要使用特定的文化建设技巧突出班级文化特色，如制定独具特色的班级名称、班徽、班歌和口号等。

二、初中班级文化建设策略

（一）确定班级文化主题，引导学生价值取向

在过去，班主任将学生的成绩以及遵规守纪情况视为班级管理的重点，管理方式以理论说教、批评教育等方式为主。这种管理模式既体现了严重的应试教育思想，不利于促进学生德智体美劳全面发展，也忽视了文化育人的功能，导致班级管理效果不

够理想。面对这一现状，班主任应调整班级管理思想，在文化育人视角下注重推进班级文化建设，运用文化濡化的方法营造良好的班级文化氛围，润物无声地达到"入芝兰之室，久而自芳"的效果。确定班级文化主题是班级文化建设初始阶段的首要工作，是确定班级文化氛围走向的基础。班主任需要与学生一同确定突出班级文化主题的班级名称、班徽、班歌和口号等[2]。例如，竹是君子的化身，乃"四君子"之一，且与梅花、松一同被称为"岁寒三友"。与此同时，竹生而有节，弯而不折，象征着高风亮节、傲骨铮铮的精神品质；竹笔直挺立，是正直、坚韧不拔的映像；竹四季常青，象征着顽强的生命。班主任可以站在建议者的角度，为学生介绍竹，以投票的方式确定是否将竹作为班级文化主题。当投票通过后，教师指导学生以竹为基础设计班名、班徽、口号，如可将班名定为"竹梦"，寓意追逐梦想；将班级口号定为"咬定青山不放松，立根原在破岩中。千磨万击还坚劲，任尔东西南北风"，寓意每位学生将成长为虚心、正直、务实、笃志、博学的有为少年。

（二）无规矩不成方圆，加强班级制度文化建设

构建一整套以学生为主体的制度文化既是班级管理不可或缺的前提保障，也是培养学生自律意识、规则意识、集体意识、自我管理能力的重要举措。班主任需要在文化育人视角下注重加强班级制度文化建设，具体可从以下三点入手。首先，制定班干部例会制度。班干部是帮助班主任管理班级的好帮手，也是学生的榜样，因此班主任需要通过制度来规范好班干部。比如，举报制度，所有学生监督班干部的一言一行，对于违纪、不作为的班干部可以进行举报。又如，例会制度，所有班干部要参与月末的最后一次班会，在班会上向全班学生"述职"，同时向班主任提出建议。其次，制定值日班长制度。学生是班级的主人，需要共同维护班级，基于此班主任要通过制度来激发学生的主人翁意识和责任感。例如，设立值日班长，由学生轮流担任，当天担任值日班长的学生负责全班的卫生管理工作，监督所有值日生工作。最后，制定班规。班主任提前制定班规初稿，在班会上分享给学生，随后要求所有学生建言献策，优化完善班规，直至形成所有学生均认同的班规终稿。但班规终稿并非一成不变，可根据班级出现的情况不定时修改，以持续强化班规的积极作用[3]。

（三）做好班级环境文化建设，陶冶学生情操

文化育人视角下初中班级文化建设的重要方法之一就是环境濡化，即从以景呈文、文景互启、以境传情角度切入。站在学校角度，教学楼等建筑、公共场所的景观、楼廊主题文化墙、室外墙体彩绘等均是环境文化建设的重要方向。站在班主任角度来说，要想做好班级环境文化建设，聚焦点在班级。具体可从以下三个角度切入。首先，黑板报和墙报。班主任要充分认识到，展现环境文化的"主场"之一就是黑板报和墙报，因此可要求文艺委员或有兴趣的学生专门负责黑板报和墙报设计，而内容主题应契合社会主义核心价值观或结合学校德育主题、班级活动。墙报分为班级内与班级外两种，对于楼廊班级文化墙，内容应以班级名称、班级口号、班徽、班级风采为主。其次，艺术角。对于艺术角的设计，全班学生皆可参与，学生可以将自己的绘画作品、手工作品等放在艺术角，使班级文化氛围更浓郁，陶冶学生情操。最后，"铭言展示区"。班主任要在班级内开辟出一块"铭言展示区"，在此处放置一块小黑板或者其他可代替的物品，要求每周写一句催人奋进的话，随之将所有学生所写张贴在上方，润物无声地激励学生成长、奋斗[4]。

（四）以开展集体活动为契机，优化班级文化

初中班级文化建设需要有具体的契机，也可以说是载体，而集体活动就是现阶段最常见、最有效的契机。班主任需要重视学校集体活动，同时开展班级内部集体活动，以此来优化班级文化。例如，根据学校规定，每个班级依次作为学校礼仪、卫生保护、纪律维持示范班，班主任可依托此活动，对班级学生提出要求，让其能够自主约束自我、展现自我。又如，班主任可在班会课上组织开展演讲、辩论、歌唱等文艺表演活动，通过活动内容陶冶学生情操。要想培养学生优秀品质，践行社会主义核心价值观，还可开展体育竞赛活动、公益帮扶活动等[5]。

三、结束语

综上所述，开展初中班级文化建设策略研究具有重要作用，基于研究可知，教师

在文化育人视角下推进班级文化建设时要坚持以生为本与特色鲜明原则，在此基础上做好确定班级文化主题以及加强班级制度文化、环境文化、文化活动建设工作。

参考文献

[1] 万奕.外化于行、内化于心初中班级精神文化建设浅探[J].上海教育，2023（25）：76.

[2] 刘晓燕.初中班级文化建设的创新实践与探索[J].中小学班主任，2023（9）：55-57.

[3] 马雅娉.加强班级文化建设促进学生健康成长[J].甘肃教育，2023（7）：50-52+61.

[4] 路文博.核心价值观视域下初中书香班级文化建设的策略[J].智力，2021（32）：172-174.

[5] 洪丽.生本教育理念下初中班级文化建设策略探究[J].求学，2021（27）：37-38.

作者单位：北京第二外国语学院成都附属中学

中学古诗文阅读教学的新路径思考

裴玉洁

摘　要：新课程中的古诗文阅读教学要突破知识型教学模式的框架，注重学生学习过程和阅读体验，养成习惯和培养能力，最终形成文化积累。在课改感召下，古诗文阅读教学不断创新。本文从当前语文古诗文阅读教学的现状出发，对当前古诗文阅读教学的现状进行思考，认为当前中学古诗文阅读教学可以做到从阅读中理解、在活动中激趣、在想象中悟理、在朦胧中感悟。

主题词：古诗文阅读；中学语文；阅读教学

一、当前中学古诗文阅读教学现状

古典诗文作为中华文化的精髓和瑰宝，是中华民族五千多年历史文化的积淀，是学生学习和运用语言文字、发展思维、传承文化及提升审美能力的重要载体。古典诗文在初中部编本语文教材中得到很大重视，处于重要位置。但是，深入初中古典诗文教学的课堂，却发现古典诗文丰厚的课程资源并未转化为学生的生命资源和文化资源。

在当前应试教育的影响下，语文教师的教学目标受考试的影响较大；课堂教学往往出现教师讲解多、学生主体性得不到落实的情况；教师在讲解的时候，为了提高教学效率，往往会选择模式化的教学方法，在教学内容上，古典诗文经常会被肢解为一个个知识点，进行浅尝辄止的知识性讲解，忽视了诗文内部之间的逻辑关系，诗文与诗文之间的整合式教学难以进行；有些教师在对学生的学习进行评价时，往往是对学生的学习结果进行评价，缺乏过程性评价，且比较笼统，缺乏指导性，学生得不到有效的反馈信息，这使得初中古典诗文教学既没有体现语文学科本身的特点，也很少关注到此时学生的心理发展阶段和认知水平。很多学生往往会为了考试的需要学习古典诗文，但他们本身对古典诗文的学习兴趣不大，在学习过程中积极的情感投入也不多，仅仅停留在完成文本内容的背诵以及在考试中得到满意的分数即可。在这样的情况下，学生往往对知识进行记忆，在考试的时候，也是对以往学过的内容进行生搬硬套，在具体的语境下的迁移能力比较弱，学生也很少主动地去探究，难以融入自己的情感，产生个人的独特体验，古典诗文带给人的精神享受、美的体验也被破坏，而在实际生活中将自身的体验与诗文结合起来进行应用的情况则更加少见。

因此，改善当前的初中古文诗歌教学中容易出现的浅层化、模式化、机械化教学现状迫在眉睫。

二、中学古诗文阅读教学路径

古诗文以其凝练含蓄、音韵相谐的语言，丰富深刻的意蕴内涵，成为传承中华优秀传统文化、培养学生语文核心素养的重要载体。在古诗文教学中，通过"从阅读中理解、在活动中激趣、在想象中悟理、在朦胧中感悟、在讨论中提高"等策略可以促进语文核心素养的培育。

（一）从阅读中理解

默读，教室里一片静悄悄，而学生的大脑正处于亢奋状态，是一种学生真正进入文本、感悟文本、沉浸于文本的读。随着学生年龄的增长、年级的升高，它越来越重要；教师要抓紧培养他们默读的良好习惯、方法，不断提高其默读的速度、效果。散读，学生读出声来，但又不大声整齐地读，而是低声地各读各的，表面上七嘴八舌、混乱嘈杂，实际上学生能够口耳心相通，能更真切地感受课文的语言魅力，从而受到感染、熏陶。它一般适用于文学作品，但还没有得到广大教师的足够重视；当然，学生也需要一个散读的习惯养成和能力培养的过程。新课标十分重视朗读，并在四个学段一以贯之，要求学生朗读"用普通话"，做到"正确、流利、有感情"。"读"中大有学问，大有讲究；遗憾的是，不少教师对朗读意义的认识还不够到位，对朗读技巧的掌握还有待提高，对学生朗读的指导还比较欠缺。

课堂阅读教学首先要保证学生读课文的时间，保证学生独立感受、体验、理解的时间，要且慢开讲，且慢启发。那种连学生课文都还未读完一遍，还来不及"想想"，教师就急于发问的教学，表面上赶了进度，好像提高了教学效率，实质上还是以教师为中心，把课堂教学当成"教案剧"的演出。

古诗文的朗读可以着重把握以下几点：对于全篇内容的感知、断句与韵律节奏的把握、情感的表达。以七年级上册李白的《闻王昌龄左迁龙标遥有此寄》为例，首先要结合文章的标题进行内容的感知。这是李白听闻自己的好友王昌龄被贬后所写的一首诗歌，整体的情感基调应当是悲伤、沉闷的，特别是诗歌中所选用的意象也寄托着诗人悲伤的情感。因此，在进行朗读时应当带领学生在整体感知文章内容的基础上，引导学生读出李白对于友人的关心之情，反复诵读可以加深学生对于诗歌的印象，进而增强他们对于诗歌内容的理解。

语文的学习是一个体味、浸染的过程，不能急躁，不能快节奏；必须让学生保持宁静、平和的心境，独立阅读、思考。"阅读是学生的个性化行为"，开展自主、合作、探究的学习方式，自主阅读是前提，倘若学生个人对课文缺乏感知、体会，那么，就谈不上与其他同学交流、合作，更谈不上探究。例如在进行《岳阳楼记》的教学时，引导学生在熟练地朗读后采取自主、合作、探究的合作方式，以帮助学生理解文本内容，感受范仲淹以天下为己任的报国情怀。

以往，不少教师先布置思考题，然后让学生带着问题读课文。这样，学生读的方向、思考的重点明确，紧跟着教师既定的问题亦步亦趋，教师教案里的教学目标好像顺利达到了，教学进度按时完成了；然而，不足的是教师的问题在学生头脑里先入为主，造成思维定式，严重干扰了他们独立、自主的阅读，无形中剥夺了学生学习主体的地位。可想而知，如此阅读，学生怎么可能获得自己独特的感受、体验和理解？

所以，课程改革背景下的课堂阅读教学，应当从学生潜心、认真、有效地读课文起步——这是对阅读主体的尊重，是对阅读规律的遵循。教师千万不能轻视、忽视、无视这一教学环节，千万不能匆匆走过场而不顾学生实际"读"了没有、"读"得怎样。

（二）在活动中激趣

语文阅读教学过程，应是师生双边的活动过程。为了调动学生积极参与，乐学语文，愿上语文课，不怕古诗文，我采用了多种形式的教学活动，使学生觉得枯燥无味的古诗文教学课上得生动活泼，学生兴趣盎然。如教《核舟记》时，课前要求学生准备画具，课堂上通过记忆把"核舟"画出来。许多学生一下子就来了兴趣，但也有些学生说"太难了"，"让我们看看书吧"。在学生充满求知欲时，老师允许他们看一会儿书，蓄足的势一下子变成旺盛的活力，由兴趣转化为想学，由想学转化为能学，由能学转化为会学，学生很快就感知了课文内容，取得了满意的教学效果。教《邹忌讽齐王纳谏》时，可把课文编成课本剧让学生上台表演。教《愚公移山》时，可针对愚公愚不愚开辩论会。此外，还可以开展分角色朗读、背诵比赛等语文活动，使学生尝到成功的甜头，从实践中激发学生学习古诗文的兴趣。学生在实践中才智得到发挥，就会有快乐的情感体验。

（三）在想象中悟理

课要上得有趣，引导学生想象课文内容是一种办法。即力求把单调的文字符号变成形象生动的画面，或引导学生通过想象走进课文，面对面地与作者或文章的主人公对话，在空间和时间上缩短读者与作者及主人公之间的距离，使远古的画面走进学生脑海，使古代人物的思想注入现代的内容，使学生觉得新奇，激发探究的兴趣。如对温庭筠《梦江南》的教学，抓住"独""倚""脉脉"等词，要求学生展开想象，口头描述诗的意境，学生很快就描述出这样一幅广阔、多彩的美人凭栏远眺图：一位少妇盼望丈夫归来，终日呆立楼头，仔细数着江面上来来往往的帆船，面对着江水悠悠，夕阳依依离去，总是失望惆怅。想到这些就不难理解词人笔下怨妇思夫的愁苦难熬之情。通过想象联想的手法，让学生面对面跟古人对话，将学生与作者的距离拉近。另一种方法，是以现代人的思想去评析古人古文，使学生有话可说，激发学习兴趣。如教《鱼我所欲也》时，在学生理解课文内容的基础上，引导学生对孟子的"性善论"进行讨论，增强学生辨别是非的能力。教《隆中对》时，引导学生跟诸葛亮对话：你认为对策合理吗？假如诸葛亮站在你面前，你会对他说什么呢？这样，学生用现代的观点去想象，大大增强了阅读兴趣，既学习了文言知识，增强了学生分辨是非的能力，又锻炼了学生的口语表达能力，真是一举多得。

（四）在朦胧中感悟

在习作中运用。在习作中运用古诗文，不仅能提高学生的书面表达能力，而且有利于培养学生的创新意识。因为他们在习作中，会给诗句创设一种新的写作氛围，赋予其一种新的表达内容和感受，从而能从诗句原有的意境中跳出来，从更新、更广的角度去理解古诗文、感悟古诗文。例如，当学生在习作中用辛弃疾的"众里寻他千百度。蓦然回首，那人却在灯火阑珊处"来表达自己苦苦追寻未果却在无意间找到了自己所追求目标的心情时，实则是对自己朦胧之中感悟到的原诗词意境的一种创新和超越。

朦胧理解提高了学生内化、运用、创新的能力，学生的写作水平明显提高。通过自查自悟、赏析和运用的训练，学生不仅对古诗文的内容有所感悟，而且对诗文的写作手法、炼字特点、谋篇技巧产生了较深的感受。随着理解能力的增强，这些感受逐渐由模糊变为清晰，由凌乱变为条理，由感性变为理性。

（五）在讨论中提高

宋代著名学者陆九渊说："为学患无疑，疑则有进，小疑小进，大疑大进。"要鼓励学生学而思，思而疑，在阅读时画出对诗文不理解的地方并提出疑问来，再通过独立探究形成初步结论，最后让学习协作小组讨论、筛选，把难以解答的问题输入电脑，在全班交流、评议。从重点字词到整首诗意的理解以及诗文的写作技法赏析等都让学生在"自助、互动"中训练，在交流中质疑研讨，并在讨论的基础上做出结论。真正做到学生是课堂的主人，课堂是学生的舞台，教师只起"适时点拨，相机诱导"的作用。引导学生在学习过程中质疑，就是为了有效地发展学生的思维，并激发其创造潜能。众所周知，教育的本义就是教学生学会学习。在教学实践中注重对学生进行学法指导，使学生不仅"学会"，而且"会学"。利用计算机网络功能，通过人机对话，让学生在教师帮助下主动思考，主动探索，主动发现，最后互相补充，集思广益，形成较为全面、科学的认知。这种协作学习方式无疑能促进学生对知识的重构。

教读古典诗文，应有意识地在积累、感悟和运用中提高学生的欣赏品位和审美情趣。这就要求教师教读古诗文时应在指导学生咀嚼、体会、感悟和创新上下功夫，放手让学生诵读，从整体上去感知古诗文的音乐美，让他们自然而然地步入诗文的意境，最终获得思想的启迪，达到积累语言、提高审美情趣的目的。

参考文献

[1]叶圣陶.叶圣陶论语文教育［M］.郑州：河南教育出版社，1986.

[2]张大均.教育心理学［M］.北京：人民教育出版社，2011.

[3]刘大为.语文教学中的语言知识问题［J］.语文教学通讯（初中刊），2005（11）：4-7.

[4]吕高超.文学作品教学要把握文学语言的特点［J］.文学教育（上），2011（1）：28-30.

[5]倪宝元.语言学与语文教学［M］.上海：上海教育出版社，1995.

[6]高辛勇.修辞学与文学阅读［M］.北京：北京大学出版社，1997.

[7]黄伯荣，廖序东.现代汉语［M］.北京：高等教育出版社，2007.

[8]吕叔湘，朱德熙.语法修辞讲话［M］.北京：中国青年出版社，1979.

作者单位：北京第二外国语学院附属中学

以《湖心亭看雪》为例，立足课堂，培养学生核心素养

刘 敏

摘 要：《义务教育语文课程标准（2022版）》以明确核心素养在语文教学中的重要性为主要方向，拓展了与课程内容、学业质量评价以及教师研究和教师培训等相关的内容，并从教学标准的层面进一步细化。实际上，核心素养一直是综合性学科的教育教学抓手，其需要结合社会发展的状态和人民美好生活的意愿，将素养教育深入到基础教育阶段，并借助基础教育培养素养较好、能力较强、素质过硬的新时期新人才。此间，教师应明确自身的教学主体地位，了解初中生素质培养的真实需求，科学分析语文教学中的问题和矛盾，进而合理解决课堂教学中的实际问题。同时，更应立足课堂，拓展实践，淬炼思想，锻炼思维，强化能力，培养习惯。基于此，本文首先分析了新课标背景下初中生语文核心素养的培养要求；其次，以《湖心亭看雪》教学为例，进一步分析了学生核心素养的培养方法。

关键词：新课标；核心素养；思维能力；语言运用；文化自信和审美创造

引 言

文化自信、语言运用、思维能力和审美创造是语文核心素养的四个方面，其对应着语文教学的四个目标，即文化教育目标、能力教育目标、思维教育目标以及美育目标。从语文核心素养的内容以及其实际的拓展形式角度分析，不难看出，核心素养的培养要求相对较高，并且每个方面均不可一蹴而就，而是需要学生在长期的学习和主动学习、反思和自我反思中才能形成。这就提醒初中语文教师需要真正地明确基础教

育阶段的核心素养的培养要求究竟是什么、目标究竟是什么、作用究竟是什么，这样才能在教学中有所取舍，分清缓急，把握节奏，循序渐进。需要注意的是，新课标下的核心素养培养过程必须是具体而微、可感可知的，无论是学生，还是教师，均需要在这个过程中体会教学或者学习层面的获得感，这种交互式的获得感是教育教学得以持续的动力，更是新课标下核心素养培养效果得以显现的途径。

一、新课标背景下初中生语文核心素养的培养要求分析

（一）新课标之抓重点，不可操之过急

很多教师之所以没有做好学生核心素养的培养工作，究其根本原因，是太过着急，总是想着借助一篇文章、一个单元或者一本书就可以提升学生的核心素养，而忽略了核心素养的本质。核心素养的本质即为习惯，无论是思维习惯，还是行为习惯，均为习惯，其主导了学生的潜意识层面，影响着学生对这个世界的一切事物的一切看法，当然，也包括学生对于其自身存在性的一种看法，而这就是价值观的起源。文化自信也好，语言运用也罢，或者是审美创造的能力，其实均是核心素养培养过程的附加结果。那么，教师在教学中究竟应该如何落实核心素养的培养过程，或者如何将这种看似含蓄的东西变成实实在在的东西？答案很简单，即为专注重点，循序渐进，归纳总结，课后反思。也就是说，需要根据文章的特点，回归到写作的本源，站在作者的角度，去那个年代活一次就好，而且是带着学生们一起活一次。在学生体验了不同的人生、感受了不同的情境之后，其自然会有所体会、有所感悟、有所思考、有所总结，而教师，即为领路人。

（二）新课标之分层次，关注教育个性化

不得不承认，学生的学习能力差异明显。这并不是说在幼儿园阶段、小学阶段学生们接受的教育资源或者相应教学质量差异有多么大，而是说很多学生在这个过程中并没有形成有效的习惯，包括学习习惯和思维习惯，甚至也有生活习惯层面的问题。这种习惯层面的问题会直接导致学生在初中阶段、高中阶段出现明显的群体性分层状

态，即分出所谓的优等生、非优等生。这是一个不能忽略也不敢忽略的问题，教师在教学中需要重点关注这个问题，并将其与核心素养培养工作结合起来。这就要求教师在教学中，谨遵新课标的教学要求，分析核心素养的培养内容，进而对其中的内容进行筛选和排列。之后，则需要对班级的学生进行分层，从而在课堂教学中实现差异化、课后作业中实现差异化。需要注意，这不是所谓的"差异化"对待，更不是"尖子班""火箭班"这种差异化培养模式，而是一种教学关注度层面的差异，教师需要在非优等生方面付出更多的心血，而且需要持续付出也许才能有转机。

（三）新课标之重反馈，及时调整培养计划

教学的内容是相同的，但形式多变，一个教师不可能复制同样的课程，只是会根据教学经验重复讲解重点、难点和关键点。问题是，教学经验有时并不准确，当在一条路上走得太远，可能会忘记出发点是什么。教师需要在培养学生核心素养的过程中及时地、积极地收集反馈信息，包括课堂教学反馈、课后作业反馈、阶段性的测验反馈等。结合此类反馈信息，对教学中的学科内容进行编排上的调整，对具体的课堂教学形式进行优化，对实际的教学目标进行完善，从而适应新时期、新课标下的核心素养培养要求，更可在教育教学层面表现出更好的适应性和持续性。

二、以《湖心亭看雪》教学为例分析新课标下学生核心素养的培养方法

（一）关注课文重难点，梳理语言文字，培养语言运用素养

《湖心亭看雪》这篇文言文的内容并不多，但是其中出现了较多的文言生词以及句式结构，学生在学习此类内容时需要识记并理解的知识点也多。教师在讲解这篇文言文时，需要根据新课标的要求，关注课文的重难点，梳理语言文字，从而可以培养学生的语言运用素养，或者说，可以引导学生形成正确的、学习文言生字生词的习惯，进而可以在后续的学习之中能够表现出一定的自学和自我总结的能力，这样才能在长期的阅读和感悟中真正培养起语言运用的素养。

具体而言，在本篇文言文中，教师可以带领学生通读文言文之后，首先对其中的文言生字进行注音，包括"拏""毳""强""更"等。尤其要注意"强""更"这样的字词在文言文中读音的变化，其读音与语义相联系，读音不同，语义也不同。其次，需要对文言文中重点的句子进行翻译和梳理。此间，教师应重点关注句式结构，引导学生复习文言文翻译中的一些注意事项。例如，在对"与余舟一芥"中的"芥"进行翻译时，其脱离了本身的名词词性，而是在这个句子中用作了状语，从而需要翻译成"像小草一样的微小"，这属于词性变化的范畴；类似的还有"是金陵人，客此"中的"客"、"拥毳衣炉火"中的"炉火"等。教师在讲解此类字词时，需要从词性变化的角度，引导学生认识这种文言文翻译的规律，并记忆相关词性变化的类型。实际上，语言运用素养的培养过程是从文言文字词语义的记忆开始的，而后在翻译时积累经验，强化语感，知晓词性的变化形式，从而可以形成一种固定的、有效的语言运用模式。其实，此时还远谈不上语言的运用，只是对语言运用的形式形成了一定的认知。但这并不与新课标中的语言运用素养的培养过程相矛盾，因为这将会作为一种印象形成于学生潜意识中，从而可以辅助学生在后续的学习之中足以理解更复杂的语义内容，积累更为丰富的语言运用经验，进而形成一种语言运用层面的素养，可以在后续的学习之中实现语言运用层面的有效表达和实践应用。

（二）剖析课文思想感情，发掘段落细节，培养思维能力素养

思维能力素养的培养过程需要以思维角度的锻炼为基础，借助具体的语文教学内容，引导学生在结合自身的经验的同时，形成新的学习体验，从而明确不同思维的特征特点以及具体的适应性。此间，教师应及时关注学生的整体学习状态和学习兴趣，结合《湖心亭看雪》这篇文言文中的重点句式和字词，剖析其中蕴含的作者的思想感情。需要注意的是，思想感情的发掘过程需要以文言文情境的建立为基础。此时，教师可以提出一些问题，引导学生关注不一样的思维角度，也可对某些人物特征或者景物特征进行总结，从而培养学生的归纳总结思维。

具体而言，在讲解《湖心亭看雪》这篇文言文时，教师可以首先引导学生关注文言文中描写景色的字词和句子，将"雾凇沆砀，天与云与山与水，上下一白。湖上影子，惟长堤一痕、湖心亭一点、与余舟一芥，舟中人两三粒而已"等文言文内容串联

起来，从整体上引导学生对"雪中之景"形成初步认知；其次，从思想感情的角度，教师应引导学生关注文中"独往湖心亭看雪"中的"独"字和文中舟子的话。此时，教师可以设置具体的问题，例如"'独'字如何理解？""结尾用舟子的话收束全文，有何用意？"。借助此类问题，引导学生从细微之处思考作者想要表达的那种孤傲自赏、洁身自好的处世态度。最后，更为关键的是，教师应引导学生关注文中的细节，而此类细节往往可以锻炼学生的思维能力，并且可以对文中思想起到更好的发掘和引申作用。例如，教师可以提问学生："作者写此文时，清朝已建立二三十年，但作者仍采用明朝崇祯的年号，有何意义？"这样的问题，引导学生关注文中包含的细节内容，将思想感情引申到思念故国之情上来。这样，不仅可以使得文言文解析更加完整，还可促使学生在这个过程中养成关注细节、发掘细节的思维习惯。

（三）开展分层教学，注重互动交流，培养文化自信和审美创造素养

分层教学是个性化教学思想在初中语文教学中落实的一种形式，也是现阶段提高课堂教学效率的有效办法，更可以为学生核心素养的培养提供有效支持。教师需要结合日常授课的经验，综合班级学生的实际表现，将学生进行分层。分层的标准并不是单纯的成绩标准，而是需要综合学生的学习兴趣、情绪表现，以此为反馈信息，这样才能引导不同能力层级的学生在学习中形成较好的互动交流的氛围，进而在这种互动交流的过程中，拓展与文化自信和审美创造相关的实践活动能力。

具体而言，教师可以在讲解《湖心亭看雪》这篇文言文之后，对全篇的内容进行整体的再分析和再概括。此时，教师可以循着作者看雪的时间、目的以及天气状况等元素，梳理文中作者感情的变化脉络。同时，加入相关的景物、动作，扩充文章的景色描写内容。此间，可以借助多媒体教学工具，布置一些课堂习题，趁热打铁，加深学生对文中相关知识内容的印象。之后，教师则需要从文化和审美的角度，对文言文的内容进行拓展。无论是文言文阅读还是现当代散文小说阅读，文化和审美均是必不可少的步骤，这是培养学生文化自信和审美创造素养的基本需求。在这个过程中，教师可以选择课外对比阅读的方法，在课外赏析中引入袁宏道的《初至西湖记》，对比两篇文言文，引导学生关注两篇文言文在景物描写和情感表达层面的异同。此时，教师即可将班级学生分成两个层次，A层次的学生主要探究《湖心亭看雪》，B层次的

学生能力较强，需要自主学习《初至西湖记》。在完成初步的学习之后，教师可以引导两个小组的学生从文化的角度对两篇文章进行剖析，包括时代背景、传统文化等。关键的是，需要引导学生关注审美情趣，对比两篇文章景物描写的语句，从而从审美的角度对其特征特点进行剖析。教师也应将这种文化和审美拓展开来，将其与现今社会相联系，以文化为入口，关联传统文化、社会主义文化等内容，从而标新立异，整合新时期的新思想。

三、结束语

总之，初中语文教师在培养学生核心素养的过程中，需要明确新课标的教学要求，了解相关的拓展性教学要求，这样才能细化核心素养的培养过程，定位核心素养的培养目标。互动和交流在核心素养的培养过程中尤为关键，但互动和交流并不是简单的问题提问过程，而是需要以一种立场或者情境的转变为基础，引导学生转变看待事物的思维角度，从而能出新知、有新意。归纳总结也非常重要，这是教师升华文章主题的时机，也是拓展文化内容、培养学生审美情趣的时机。教师需要在备课阶段准备相关的内容，更需要在讲课过程中根据学生的兴趣和学习情绪灵活调整此类内容。这样才能从核心素养培养的层面，强化学生的语言运用能力和思维能力，并且促使学生表现出文化自信和良好的审美创造能力。这是一种习惯养成的过程，更是一种思想淬炼的过程，教师和学生均应参与其中，并自省自警，勤思考，常练习，才能获得较好的素养提升效果。

参考文献

［1］戴姗珊.核心素养视域下初中语文非连续性文本阅读教学策略研究［J］.试题与研究，2022（25）：85-87.

［2］吴晟.浅析新课标背景下初中语文高效课堂的构建［J］.试题与研究，2022（22）：4-6.

［3］李本文.新课标下初中语文高效课堂建设的实践策略研究［C］//2022教育教学与管理三亚论坛论文集（二），2022：225-226.DOI:10.26914/c.cnkihy.2022.022217.

[4] 贾文霏. 初中语文文言文教学中的 "问题链" 设计：以《湖心亭看雪》为例 [J]. 教育界，2022（10）：11-13+31.

[5] 王伟德. 构建初中语文高效课堂效从何来：以教学《湖心亭看雪》为例 [J]. 课程教育研究，2019（23）：28.

作者单位：北京第二外国语学院附属中学

第二部分
小学学段

小学数学游戏化学习的实践探索与思考

杨 媛

摘 要：对照提升数学核心素养和拔尖创新人才培养的需要，发现当前数学教学中的问题，探索将游戏引入数学教学，实现游戏化学习的策略与方法，以激发学生的学习兴趣，提升学生的创新思维和实践能力。

主题词：小学数学；游戏化学习

一、问题的提出

2019年教育部印发的《关于深化教育教学改革 全面提高义务教育质量的意见》中指出为了适应新时代的需求，中国义务教育体系应着眼于提升整体质量，坚持"五育并举"，促进学生全面发展，并注重激发学生学习兴趣、培养学生创新精神和实践能力。《义务教育数学课程标准（2022年版）》的颁布，体现了社会发展对人才培养的要求、数学学科的独特育人价值和数学课程改革积累的经验。其变化与突破主要体现在明确提出了"三会"的核心素养目标：会用数学的眼光观察现实世界，会用数学的思维思考现实世界，会用数学的语言表达现实世界。在拔尖创新人才培养理念和素养导向下，着重强调善学、探究、批判性思维、解决问题的能力等高阶思维水平，注重以学生发展为核心，倡导在教育中开展"做中学""用中学""创中学"活动，以此提高教师教学水平，培育具有科学精神和创新思维方式的学生。

通过调研我们发现，目前的数学教学存在诸多问题：以运算能力的培养为主，对数学思维和创新能力的培养不足；在严格实施国家课程的基础上，缺乏课程的校本化和创新化的实践；课程实施以教师讲授为主，对学生数学学习兴趣的培养、探究批判思维的训练、创造潜能的激发不足，评价体系不完善，以结果评价为主，缺少对过程的评价。因此，以激发学生数学兴趣、提高数学核心素养、培养国家未来人才为目标，对数学课堂进行改革，创新教学方式，满足不同学科和年龄阶段学生的学习需求非常重要。

二、研究方法

为解决以上问题，我们以数学课程标准为基石，紧密结合"双新"与"双减"政策要求，将游戏带入数学课堂，探索小学数学游戏化的实施路径，在教育和学习过程中运用游戏的元素和机制来促进学习和知识传递的方法，旨在激发学习者的主动性和学习兴趣，提高学习效果和记忆力，同时培养合作能力和创造力。

对照提升学生数学核心素养和培养创新人才的现实需要，我们运用教育观察法和问卷调研法发现了教学中的问题与差距。在研究过程中，我们首先运用了文献研究法，获得相关领域的理论基础和研究现状，为游戏化学习的实践提供理论支持和指导；接着我们运用行动研究法，围绕游戏化学习实施的路径和方法，从学生的兴趣爱好出发，以小学数学核心素养的培养为抓手，开发有趣的学习工具，提出切实有效的学习活动方案，并在实践中不断地反思、改进和总结。

三、研究结果与分析

在不断的实施与思考中，我们总结了如下这些游戏化学习的实施策略。

（一）游戏导入教学，激发学习兴趣

传统的教学是直接告知学生，学生仅仅是获得了知识，而失去了发现、思考、探索、交流的机会。将游戏引入教学，会让学生在贴近生活的游戏场景中发现新问题，在独立思考、利用资源、全班交流的数学活动中探索新知，体会数学思想，感受数学与生活的密切联系，有利于学生学习兴趣和创新能力的培养。下面以小学数学二年级下册第六单元《有余数的除法》例1《认识有余数的除法》为例对这种教学方法进行说明。

首先，谈话导入：孩子们，我们之前学习了平均分，生活中跟平均分有关的事情有很多，我们先来做个小游戏，看看你们会不会分。老师看到你们都是分组坐的，那能按照"每2人一组"这样的要求把你们各组的人再分分组吗？快分分，看哪个小组最快。通过游戏导入，激发学生学习的兴趣，调动孩子学习的好奇心，增强其主动参与课程活动的意愿。游戏之后，选择情况不同的小组进行汇报，并请汇报的小组把分组情况用小人展示在黑板上，圈一圈。引导学生思考为什么会有剩余，提出核心问题：来观察黑板上的分组情况，如果要把他们分分类，你会怎么分？根据有剩余和没有剩余两种分类情况，明确研究生活中有剩余的情况，让学生感受数学与生活的密切联系，实现"用中学"。

（二）开发游戏学具，训练学生能力

针对需要着重培养的能力或数学教学中的难题，我们自主研发实体教学游戏工具"魔力三角牌""魔法转盘""魔力数量关系牌""百变魔力图形"等。涵盖"数与代数"和"图形与几何"领域主要教学内容。依托这些学具我们精心设计了系列课程和活动，课内、课外一体化实施，组织学生玩中练、练中学，开展比赛促玩促学。通过将教学与游戏相结合，大大激发了学生学习的主动性和参与度，巩固和提升学生的数学基础知识和技能，进而促进了他们的学习效果和兴趣的提升。

以"魔力三角对对碰"活动为例：我们梳理出各年级常用的口算题近100道，根据算式之间结果相等的关系，设计出利用等边三角形三边相等的特征，通过拼摆连接的方式拼成有意思的图案的方式，提高学生学习口算的兴趣，并给此学具取名为"魔力三角牌"。五年级的小任同学，对学习一直不太有兴趣，成绩比较落后，但他对"魔力三角对对碰"活动却表现出了很大的热情。原本课间经常打闹的他或是自己在课桌上安静地拼摆，或是站在同学旁边看同学拼摆，还能经常看到他向同学请教，拉着同学比赛。他妈妈也反馈说孩子回家就玩魔力三角牌，还拉着妈妈跟他比赛，比妈妈拼得快就非常开心和骄傲。妈妈很开心看到孩子的变化，常常因为学习紧张的母子关系也变得融洽了许多。有这么高的热情，再加上反复不断地练习，他的速度进步得很快，最后竟然代表班级参加了年级赛，虽然最后没有进入前6名，但同学们也都对他刮目相看，他的自信心得到了提升，口算能力也得到了提高。

（三）设计游戏课程，提升学生素养

为提升学生数学核心素养、创新数学学习思路，我们设计游戏延伸课程。课程旨在引导学生探索数学的广泛应用，激发他们的学习兴趣和创新思维。课程利用课后服务时间开设，面向全体学生，由学生结合自己的兴趣、特点自愿选择参与，满足不同学生的学习需求。

例如，在学习五年级上册"多边形的面积"之后，我们设计了"我是小小测量员"的游戏课程。学生走进学校的种植园地，在"探究小专家""测量小能手""设计小天才"三项活动中"会玩"数学——"想想算算""量量算算""画画算算"，综合运用学过的面积公式计算稍微复杂的图形面积。三项活动之间并无明显的层次关系，学生可以自主选择，按小组开展感兴趣的活动。活动后，以"研究报告""电子小报""手抄报""数学日记"等形式总结收获，展示"玩"的成果。课程设计使数学与劳动、美术等学科融合，紧密结合学生的生活经验，引导学生用数学的眼光观察世界，用数学的方法剖析问题，测量、计算、验证、总结……通过引导他们探索不同途径的解题策略，使所学的平面图形的面积计算知识得到了深化，让学生真切感受到数学的应用价值。

（四）组织游戏活动，拓宽学生视野

数学活动周、数学嘉年华等综合性实践活动是针对不同学段、年级设计的不同主题的活动。各年级学生结合自己的能力、特点选择参与不同的活动，运用数学知识解决实际问题，实现学以致用、用以促学的目标。同时，通过团队合作和分享交流，有效提升了学生的沟通能力和协作精神。在实施这些主题活动时，我们首先明确活动目标，确定活动主题，并整合内外部资源，进行活动方案的设计。随后进行活动动员和实施，并在活动结束后进行评价和反思。

以"第二届数学嘉年华活动"为例：这次活动共分为两大部分，第一部分是各年级进行"问题解决"的实践活动。一年级是"找立体图形竞赛"，二年级是"找找我在哪"，三年级是"测量的实际体验"，四年级是"测量我的校园"，五年级是"彩旗飘飘"，六年级是"小小营救员"。第二部分进入"智慧城堡"，共分为5个部分，分

别是"智慧岛"、"灵巧楼"、"伶俐阁"、"机智堂"和"聪明屋",这5个活动室分别有5种不同的活动内容,每个年级活动的内容也不同。学生会拿着自己的评价卡去闯关,每完成一关的挑战,就在这一关左侧盖章,得到及时的评价。

(五)作业设计运用数学游戏,活跃学生思维

小学数学作业设计是不容忽视的,是课堂教学的补充,可以反映小学生的学习状况。数学教师要鼓励小学生独立完成作业,变"要我做"为"我要做",提升小学生学习的积极性和主动性。将数学游戏融入作业阶段具有得天独厚的优势,小学生可以在轻松的环境下完成作业,同时获得数学素养的提升,可谓是一举两得。

例如,在学习完五年级上册《掷一掷》后,我们布置这样的作业:课上我们研究了掷两个骰子,和是5、6、7、8、9的同学赢得多。我们再玩掷骰子的游戏,还是掷两个骰子,两人一组,轮流掷,一个同学选和是2、4、6、8、10,一个同学选和是3、5、7、9、11,看哪个同学赢得多。这样的作业布置,既是对课上所学知识的补充应用,也能激发学生对不同情况进行思考,促进思维的活跃。

(六)改进评价方式,为游戏化学习的实施保驾护航

伴随着游戏化学习的开展,我们不断完善、改进评价方式,让评价维度更加多元,不仅应关注学生的学习成果,更应注重评价学生在数学学习过程中的思维发展、问题解决能力以及情感态度等多元维度的能力。同时,评价主体更加多样,综合运用教师评价、学生自我评价、学生互相评价、家长评价等方式,对学生的学习情况和教师的教学情况进行全面的考查。

例如,每个年级都有不同的常规玩具比赛项目,一年级的智力扣、二年级的汉诺塔、三年级的孔明锁、四年级的魔方、五年级的华容道和六年级的九连环,这些项目都经过启动环节,然后进入阶段练习,再进行个人赛和团体赛。与此同时,还有很多自主研发的玩具比赛。比如:魔力三角对对碰、魔法转盘、魔力数量关系牌等。以下是"魔力三角对对碰"个人赛(见表1)和集体赛(见表2)的评价表。

表1 "魔力三角对对碰"个人赛评价表

个人竞赛限时赛（10分钟）		个人竞赛计时赛（14分钟）	
成绩	标价标准	成绩	标价标准
★	能在规定时间内拼完15个，错误在4个以下	★	能在14分钟内拼完全部，错误在4个以下
★★	能在规定时间内拼完18个，错误在3个以下	★★	能在13分钟内拼完全部，错误在3个以下
★★★	能在规定时间内拼完20个，错误在2个以下	★★★	能在12分钟内拼完全部，错误在2个以下
★★★★	能在规定时间内拼完25个，错误在1个以下	★★★★	能在11分钟内拼完全部，错误在1个以下
★★★★★	能在规定时间内拼完全部，并且结果全部正确	★★★★★	能在10分钟内拼完全部，并且结果全部正确

表2 "魔力三角对对碰"集体赛评价表

团体竞赛限时赛（6分钟）		团体竞赛计时赛（10分钟）	
成绩	标价标准	成绩	标价标准
★	能在规定时间内拼好12个，错误在4个以下	★	能在10分钟内拼完全部，错误在4个以下
★★	能在规定时间内拼完16个，错误在3个以下	★★	能在9分钟内拼完全部，错误在3个以下
★★★	能在规定时间内拼完20个，错误在2个以下	★★★	能在8分钟内拼完全部，错误在2个以下
★★★★	能在规定时间内拼完24个，错误在1个以下	★★★★	能在7分钟内拼完全部，错误在1个以下
★★★★★	能在规定时间内拼完全部，并且结果全部正确	★★★★★	能在6分钟内拼完全部，并且结果全部正确

四、结论与建议

将游戏化学习应用到小学数学教学中，在调动学生兴趣的同时，能增强学生探究数学课程的主动性，激发其创造性。因此游戏化学习有重要的现实意义，需要教师给予足够的重视。

通过多年对游戏化学习的实践探索，我们已经取得了一些成绩。然而，教育的道路永无止境。党的二十大报告明确提出要"全面提高人才自主培养质量，着力造就拔尖创新人才"，将其视为实现高水平科技自立自强、提升国家核心竞争力的关键支撑。在研发游戏工具与实施课程的过程中，如何与人工智能技术融合，服务于拔尖创新人才的早期发现与培养这一国家战略需求，还需要教师们去实践，去探索。

参考文献

[1] 胡光瑞.游戏化教学在小学数学课堂教学中的运用[J].数学学习与研究，2023（22）：80-82.

[2] 庄绍勇，蒋宇，董安美.游戏化学习[M].北京：北京师范大学出版社，2015.

[3] 蒋宇.玩出智慧 游戏化学习的奥秘[M].北京：清华大学出版社，北京交通大学出版社，2019.

[4] 姚铁龙.数学可以这样玩[M].北京：机械工业出版社，2023.

[5] 玛丽·布里格斯，艾丽斯·汉森.小学里的游戏化学习[M].严加平，王湖滨，译.北京：教育科学出版社，2019.

作者单位：北京第二外国语学院附属小学

核心素养导向下小学英语大单元教学设计初探

赖文菁

摘 要：本文旨在初步探讨在核心素养导向下，如何设计小学英语大单元的教学计划。通过分析核心素养教育理念以及小学英语教育的需求，本研究提出了一种综合性的教学设计框架，旨在培养学生的跨学科技能，提高他们的综合素养。通过对实际教学案例的分析，本研究展示了如何将核心素养融入英语大单元的教学中，并评估了这一方法对学生学习成果的影响。研究结果表明，核心素养导向下的教学设计可以促进学生的综合发展，提高他们的学习动力和英语技能。

主题词：核心素养；小学英语；大单元；教学设计；综合素养

一、引言

教育的使命在于促进学生全面发展，使他们在未来的社会和职业中能够经受住各种挑战。为实现这一使命，教育领域正不断探索创新的教育方法和教学设计。核心素养教育作为一种重要的教育理念，旨在培养学生跨学科的综合素养，是当今教育改革的焦点之一。小学英语教育，作为培养学生语言能力和跨文化沟通能力的关键环节，也需要不断适应这一教育理念的要求。

二、核心素养教育理念

核心素养教育理念是当前教育领域的一个关键概念，它强调培养学生的全面素养，使其具备跨学科的综合能力。核心素养的核心要素包括但不限于批判性思维、创新能力、沟通技巧、社会合作、文化敏感等。

第一，核心素养教育强调批判性思维，鼓励学生主动思考、质疑并解决问题。学生通过分析信息、提出假设、进行推理等方式，培养解决实际问题的能力，这对他们未来的学术和职业生涯至关重要。

第二，核心素养教育注重创新能力的培养。学生被鼓励寻找新的方法和观点，解决复杂问题，提出创新性的解决方案。这种创新思维不仅有助于学术领域的成功，还有助于适应快速变化的社会和工作环境。

第三，核心素养强调社会合作和沟通技巧的培养，使学生能够有效地与他人合作、交流。这对于建立团队合作能力以及在多元文化环境中融洽相处都至关重要。

第四，核心素养教育强调文化敏感性，鼓励学生尊重和理解不同文化的差异，培养学生全球公民的意识。

核心素养教育理念不仅关注学生的学术能力，还注重他们的综合素养和跨学科能力，这些素养将对他们未来的成功产生深远影响。

三、小学英语教育需求分析

小学英语教育在培养学生的综合素养和核心素养方面起着至关重要的作用。在当前全球化的背景下，掌握英语不仅是掌握了一门语言技能，更是掌握了一个跨文化交流的关键工具。所以，分析小学英语教育的需求是核心素养导向下教学设计的必要前提。

第一，小学英语教育需要注重语言基础的建立。学生在小学阶段应该建立坚实的英语语法和词汇基础，以便能够进行基本的日常交流和阅读理解。这一基础是学习更高级英语技能的关键。

第二，小学英语教育需要培养学生的语言技能。这包括听力、口语、阅读和写作技能的综合发展。学生应该听懂英语语音，流利表达自己的想法，理解英语文本，并书写简单的文章。这些技能是学生未来学习和工作的基础。

第三，小学英语教育应强调跨文化教育。学生应该了解不同文化背景下的语言使用和社交习惯，以便更好地与不同国家和地区的人进行交流和合作。这有助于培养学生的文化敏感性和全球意识。

第四，小学英语教育需要关注学生的综合素养。核心素养理念要求学生具备批判性思维、创新能力和社会合作等素质，而这些素质可以通过英语教育得以培养。学生在学习英语的过程中应该有机会发展这些综合素养，以适应未来多元化的需求。

四、核心素养导向下的教学设计框架

在核心素养教育理念的指导下，设计小学英语大单元的教学计划需要一个全面的框架，以确保学生在学习语言时，也能够培养核心素养和综合素养。

1. 教学目标的设定

教学目标应该明确反映核心素养的要求。除了英语语言技能的提高，还应培养学生的批判性思维、创新能力和社交技能。例如，一个教学目标可以是学生能够在小组中合作解决一个与英语相关的现实问题，表现出批判性思维和创新思维。

2. 教学内容的选择

教学内容的选择应该围绕核心素养展开。课程内容应该具有跨学科性质，可以涵盖多个核心素养领域。例如，一个大单元可以围绕一个主题展开，包括英语语法、文学、历史、社会等方面的内容，以促进学生的综合素养发展。

3. 教学方法与评估策略

在核心素养导向下的教学中，教学方法至关重要。应采用多样化的教学方法，包括小组合作、项目制学习、案例分析等，以培养学生的批判性思维和社交技能。评估策略也应多样化，旨在评估学生在语言技能和核心素养方面的表现。

4. 教师角色的转变

核心素养导向下的教学要求教师发挥更多的指导和引导作用，鼓励学生自主学习和合作学习。教师应成为学习的促进者，而不仅是知识的传授者。

通过以上教学设计框架，可以在小学英语大单元教学中有效地融入核心素养教育理念，帮助学生全面发展。

五、实际案例分析

在核心素养导向下的小学英语大单元教学设计中，实际案例分析是评估教育方法和教学效果的重要一环。

1. 案例一：培养创新思维

在一个小学英语大单元中，教师选择了一个主题——"未来的交通"。除了教授相关的英语词汇和语法，教师还引导学生进行创新思维的练习。要求学生在小组内合作，想象并设计未来的交通工具，并用英语表达他们的设计理念。这个任务不仅提高了学生的英语口语表达能力，还培养了他们的创新思维和合作技能。

在这个案例中，教学目标不仅仅是学习英语，更重要的是培养学生的创新能力。学生在合作中学会了提出新的想法，解决问题，并用英语清晰地传达自己的观点。这种综合素养的培养不仅提高了学生的综合能力，还增强了他们对英语学习的兴趣和动力。

2. 案例二：提升社交技能

另一个小学英语大单元的案例涉及"国际文化节"的主题。要求学生研究一个国家或地区的文化，包括语言、风俗习惯和传统节日。他们需要用英语向同学们介绍所研究的文化，并展示相关的文化特色。这个任务不仅提高了学生的英语阅读和口语能力，还培养了他们的社交技能和文化敏感性。

在这个案例中，教学目标不仅仅是培养学生的英语语言技能，还包括了跨文化交流和社交技能的培养。学生学会了尊重和理解不同文化，提高了他们的公开演讲和团队合作能力。这种综合素养的培养有助于学生更好地适应多元化的社会和未来的国际交往。

通过以上两个案例可以看到，在核心素养导向下的小学英语大单元教学设计中，教育方法不再局限于语言技能的教授，而是更注重培养学生的综合素养和核心素养。这种教学方法不仅提高了学生的学术水平，还为他们未来的学习和生活打下了坚实的基础。

六、结论

综合以上分析，核心素养导向下的小学英语大单元教学设计旨在培养学生的跨学科能力，提高他们的综合素养。通过案例分析，我们证明了这一方法的有效性，学生不仅在英语语言技能上有所提高，还在批判性思维、创新能力、社交技能等核心素养上有所强化。所以，将核心素养融入小学英语教育是一种有前景的方法，有助于学生更好地应对未来的挑战，实现全面发展。

参考文献

[1] 肖萌.核心素养导向下的小学英语家庭作业设计[J].校园英语，2023（25）：133-135.

[2] 吴雪云.学科核心素养导向下的小学英语教学实践研究[J].校园英语，2023（15）：124-126.

[3] 王君.核心素养导向下小学英语单元整体教学策略探究[J].智力，2023（7）：167-170.

作者单位：北京第二外国语学院成都附属小学

跨学科教学的实践与探索

——以六年级语文习作《多彩的生活》为例的研究

李欣竺

摘　要：本文探讨了小学六年级习作《多彩的生活》跨学科教学的方法与效果。通过梳理跨学科教学理论，本文界定了其概念及特征，并强调其对学生综合素养提升的作用。本文分析了该主题与科学、美术等学科的联系，并设计了具体的教学策略。首先，介绍跨学科教学的理论依据。其次，详细描述了教学设计与实施过程，包括目标设定、内容整合与活动规划。实践部分通过两个案例"我的一天"（语文与美术）和"小小科学家"（语文与科学）展示了教学的具体操作方法，涉及准备、实施及评估三个阶段。最后，讨论了跨学科教学面临的挑战，并提出加强师资培训、资源整合与评价体系构建等对策。本文旨在为小学语文教师提供一种有效的教学模式，促进学生全面发展。

主题词：跨学科教学；核心素养；信息技术应用；评价与反馈

一、问题的提出

随着全球化进程的加快和社会科学技术的迅速发展，教育面临着前所未有的挑战与机遇。传统的学科划分已经不能满足现代社会对复合型人才的需求。跨学科教学作为一种新兴的教学模式，强调学科间的整合与协同，旨在培养学生综合运用多学科知识解决问题的能力。近年来，跨学科教学在国内外教育领域受到了广泛关注，并被广泛应用于不同年龄段的学生群体中。

小学阶段是学生形成良好学习习惯和思维方式的关键时期，而六年级作为小学阶段的最后一年，更是学生综合素养培养的重要节点。因此，探索有效的跨学科教学方法，对于促进小学生全面发展具有重要意义。

本文以小学六年级习作《多彩的生活》为主题，探讨如何通过跨学科教学的方式激发学生的写作兴趣，培养学生的综合素养。《多彩的生活》这一主题内容丰富，涉及学生的日常生活、情感体验、自然观察等多个方面，为跨学科教学提供了广阔的实践空间。

本研究旨在通过探究在以下几个方面产生意义。

理论意义：深化对跨学科教学理论的理解，丰富小学语文教育的研究成果。

实践意义：为小学语文教师提供一种有效的教学模式，促进学生综合能力的发展。

政策意义：为教育决策者提供参考，推动相关政策的制定和调整。

本文将首先介绍跨学科教学的理论基础，探讨其在小学六年级习作教学中的应用可能性。其次，通过具体案例分析，展示跨学科教学在《多彩的生活》主题下的实施过程和效果。最后，本文还将讨论跨学科教学面临的挑战，并提出相应的对策建议。

综上所述，本研究不仅关注跨学科教学的理论基础和实践应用，还致力于探索其对学生综合能力发展的积极作用。通过本研究，我们希望为小学语文教育的改革与发展提供有益的参考和启示。

二、理论基础

1. 跨学科教学的定义与特征

定义：跨学科教学是打破学科界限，综合性地整合多学科知识、方法与技能，围绕核心主题或问题进行教学设计，通过实践性的学习活动，促进学生形成整体性认知和解决复杂问题能力的教学模式。在《多彩的生活》习作教学中，通过融合语文、美术、科学等学科，并设计实践活动，能让学生更深刻、更真实地理解和表达"多彩的生活"，有效提升其综合素养和写作能力。

特征：

综合性：强调多学科知识的深度融合，如语文写作融合艺术色彩、科学观察、社会文化等，形成有机整体。

关联性：以核心主题或问题为纽带，揭示不同学科知识间的内在联系。

实践性：注重真实情境下的应用，通过探究、体验、创作等活动，如观察、访谈、艺术创作辅助写作等方式，解决问题或生成成果。

2. 相关理论支撑

建构主义理论：强调学生主动构建知识的过程。

情境认知理论：重视学习环境与真实情境的联系。

3. 跨学科教学的优势

增强学生的综合思维能力：通过不同学科的知识融合，提高学生分析问题和解决问题的能力。

提高学生解决问题的能力：鼓励学生从多个角度思考问题，培养批判性思维。

培养学生的创新精神：跨学科的学习活动能够激发学生的创造性思维。

三、实践应用

1. 课程设计与实施

目标设定：明确教学目标，确保学习内容符合学生的年龄特点和发展需求。

内容整合：选择与《多彩的生活》相关的其他学科知识点，如科学、艺术、社会学等。

活动规划：设计具体的教学活动，包括课堂讨论、小组合作、实地考察等。

2. 教学方法与手段

多媒体技术的应用：利用多媒体设备展示图文并茂的教材，增加课堂趣味性。

信息技术的整合：使用互联网资源，如在线视频、虚拟实验室等，拓宽学习渠道。

合作学习：通过小组合作的形式完成项目任务，培养团队协作能力。

3. 案例分析

案例选择：选取具有代表性的跨学科教学案例进行详细解析。

过程记录：记录教学活动的全过程，包括准备工作、实施过程、学生反馈等。

效果评估：采用定量和定性相结合的方法，评估教学效果。

四、研究方法

（一）定性研究

1. 案例研究

选取几个成功的跨学科教学案例，尤其是那些围绕《多彩的生活》这一主题展开的教学活动。分析这些案例中使用的具体教学方法、活动设计以及学生参与情况。

2. 访谈法

面对面或在线访问教师、学生及其家长，了解他们对于跨学科教学的看法和建议。收集教师在实施跨学科教学过程中的经验教训。

3. 观察法

观察实际的课堂环境，记录师生互动、教学材料使用情况等。对比传统教学模式与跨学科教学模式下的学生表现差异。

4. 文献回顾

检索相关领域的学术文章、书籍、研究报告等，总结前人研究中的发现和结论。特别关注那些与跨学科教学、小学语文教育、学生创造力培养相关的研究成果。

（二）定量研究

1. 问卷调查

设计问卷来收集学生、教师以及家长对于跨学科教学的态度和看法。可以包括选择题、评分题等形式，便于数据统计分析。

2. 混合研究

结合定性和定量研究的优势，先通过访谈、观察等方法收集定性资料，再通过问卷调查等方式获取定量数据。通过这种方法可以更全面地理解跨学科教学的实际效果及其对学生的影响。

3. 实践应用

（1）行动研究

在真实的教学环境中尝试不同的跨学科教学策略，并根据实际情况不断调整和完善。通过反思实践中的问题和成功之处来提炼有效的教学方法。

（2）设计研究

创造性地设计一系列跨学科的教学活动，并详细记录实施过程。评估这些活动对学生学习成果的影响，以及它们如何促进学生综合能力的发展。

五、研究结果与分析——以具体案例为例

（一）案例一："我的一天"——结合语文与美术的跨学科教学

1. 项目设计

学生在学习《多彩的生活》的同时，尝试用自己的绘画作品表达对多彩生活的理解。

学生需要观察并描述自己的一天，从中选取几个有趣的场景进行绘画。

2. 实施过程

语文课：阅读《多彩的生活》，引导学生思考什么是多彩的生活并分享自己的生活体验。

美术课：学生在美术老师的指导下，学习色彩搭配和构图技巧，绘制自己的"多彩的一天"。

3. 取得效果

学生的创造力和审美能力得到了提高。

学生通过绘画更好地理解了"多彩"的含义，同时也加深了对课文的理解。

4. 详细实施步骤

（1）准备阶段

教师提前准备相关素材，如《多彩的生活》课文、绘画工具等。

向学生介绍活动的目的和流程。

（2）语文课

引导学生讨论多彩生活的含义，鼓励学生分享自己的一天。

学生选择一天中的几个场景，用文字描述出来。

（3）美术课

教师讲解基本的色彩理论和构图原则。

学生根据自己的描述绘制场景。

学生展示作品，并互相评价。

（4）反思与总结

学生写下自己参与本次活动的感受。

教师和学生一起总结活动收获。

学生表现：

学生积极参与讨论，展现出较高的兴趣和热情。

学生的作品富有创意，能够很好地反映他们对多彩生活的理解。

教师反馈：

学生在活动中的参与度很高，显示出较强的主动性。

学生的绘画作品反映了他们对课文内容的理解，也展现了他们的创造力。

后续拓展：

可以组织学生将自己的作品制作成画册，作为班级的文化建设活动之一。

鼓励学生在日常生活中留意更多多彩的瞬间，并尝试用不同的形式记录下来。

（二）案例二："小小科学家"——结合语文与科学的跨学科教学

1. 项目设计

学生通过阅读《多彩的生活》中的相关内容，探索科学原理，并动手做实验。

学生需要根据课文中的内容，思考与科学有关的现象或问题。

2. 实施过程

语文课：学生阅读相关材料，了解课文中的科学元素。

科学课：学生分组进行实验设计和实施，探索科学现象背后的原理。

3. 取得效果

学生的科学素养和实验能力得到了提升。

学生学会了如何将语文知识与科学知识相结合,锻炼了语言表达能力和科学探究能力。

4. 详细实施步骤

(1)准备阶段

教师准备实验材料和安全指南。

向学生介绍活动的目的和流程。

(2)语文课

学生阅读《多彩的生活》中的相关章节,找出其中涉及科学现象的描述。

学生讨论这些现象背后的科学原理。

(3)科学课

教师讲解相关科学原理。

学生分组设计实验方案,并进行实验。

学生记录实验过程和结果,撰写实验报告。

(4)反思与总结

学生分享实验成果,并讨论实验中遇到的问题。

教师和学生一起总结实验过程中的学习收获。

学生表现:

学生在实验设计和实施过程中表现出较高的兴趣和热情。

学生能够较好地将课文中的科学元素与实验联系起来。

教师反馈:

学生在实验过程中展现出良好的团队合作精神。

学生撰写的实验报告条理清晰,反映出他们对科学原理的理解。

后续拓展:

可以组织学生参观科学博物馆或实验室,进一步加深对科学知识的理解。

鼓励学生将实验过程和成果制作成视频或PPT,在班级内进行展示。

六、评估方法

1. 定量评估

前测与后测：在教学活动开始之前和结束之后分别对学生进行测试，比较两次测试的结果，以评估学生的学习成效。

问卷调查：使用标准化问卷收集学生对教学活动的反馈，可以涵盖学生的学习态度、参与度、满意度等方面。

成绩分析：分析学生的习作、小练笔成绩的变化趋势，以评估教学活动对学生学习成绩的影响。

2. 定性评估

访谈：通过个别访谈或小组讨论的方式，深入了解学生的学习体验和感受。

观察记录：教师或研究人员在教学活动中观察学生的行为表现，记录下他们的互动、参与度和学习行为的变化。

反思日志：要求学生写反思日记或日志，记录他们在学习过程中的体会、遇到的困难及其解决方法。

3. 自我评估与同伴评估

自我评估：鼓励学生对自己的学习成果进行评估，有助于培养学生的自我反思能力。

同伴评估：学生互相评价彼此的作品或表现，这种方式可以增进学生之间的交流与合作。

4. 项目评价

成果展示：学生通过项目、报告、演讲等形式展示他们的学习成果，教师和其他学生可以给出反馈。

作品集：学生创建作品集，收集他们整个学期与项目相关的各种作品，以此来展示他们的成长历程。

5. 外部评价

AI 评审：利用作文智能评测系统对习作进行评审，获得专业的意见和建议。

同行评价：与其他教师分享教学实践，获得来自同事的反馈。

七、结论与建议

1. 跨学科教学的有效性

跨学科教学模式有效地促进了学生对不同学科之间关联性的认识，帮助学生建立起了学科间的联系，使学习变得更加有趣且有意义。

在案例一中，通过将语文和美术结合起来，学生不仅提升了文学素养，还培养了艺术鉴赏力和创造力。在案例二中，通过语文和科学的结合，学生不仅加深了对课文的理解，还提高了实验操作能力和科学探究的兴趣。

2. 学生能力的全面提升

这种教学方法有助于学生综合能力的培养，包括但不限于批判性思维、创新意识、团队协作和社会交往能力等。

学生在参与跨学科活动的过程中，不仅能够掌握具体的学科知识，还能学会如何运用所学解决实际问题，这对于培养学生的综合素质具有重要意义。

3. 教师角色的转变

在跨学科教学中，教师不仅是知识的传授者，更是学习活动的设计者和支持者。教师需要具备跨学科的知识背景，同时也要能够灵活运用多种教学策略来满足不同学生的需求。

教师的角色转变有助于构建一个更加开放和包容的学习环境，鼓励学生主动探索和发现新知。

4. 教学资源的整合利用

跨学科教学需要充分利用校内外各种资源，包括图书馆资料、网络资源、社区资源等，这有助于拓宽学生的视野。

教师可以通过与外部机构合作，如邀请专业人士进校园开展讲座或工作坊，让学生接触到更加丰富多样的学习资源。

5. 未来发展展望

随着教育技术的发展，未来的跨学科教学将会更加注重数字化和智能化工具的应用，例如虚拟现实（VR）、增强现实（AR）等技术，为学生提供更加沉浸式的学习体验。

在评估方面，跨学科教学需要采用更加多元化和过程化的评估方式，以全面考查学生的综合表现和发展潜力。

6. 面临的挑战与对策

实施跨学科教学可能会面临师资力量不足、教育资源有限等问题，学校和教育部门应当加大对跨学科师资培训的支持力度，定期举办跨学科教学研讨会，邀请专家进行指导。鼓励教师之间相互交流经验，共同提高教学水平。同时积极寻找外部合作伙伴，共同开发高质量的教学资源。

教师需要不断学习新的教学理念和技术，以应对快速变化的教育需求。

应制定一套全面的评价标准，既考虑学生的知识掌握情况，也注重他们的综合能力发展。

引入多元化的评价方式，比如同伴评价、自我评价等。

综上所述，跨学科教学作为一种创新型的教学模式，在培养学生综合素质方面展现出了巨大的潜力。精心设计的教学活动，不仅能够激发学生的学习兴趣，还能够有效提升其解决问题的能力。未来，随着教育理念的进步和技术手段的革新，跨学科教学将会成为推动教育改革的重要力量。教育工作者应当把握这一趋势，积极探索与实践，为培养符合时代需求的高素质人才做出贡献。

参考文献

[1]李明.小学语文教学法［M］.北京：人民教育出版社，2018：123-128.

[2]王丽.跨学科教学在小学语文教学中的应用研究［J］.教育科学研究，2020（3）：56-60.

[3]刘洋.小学语文习作教学的跨学科整合实践［J］.中国教育学刊，2021（4）：89-93.

[4]赵军.小学语文跨学科教学案例分析［J］.现代教育技术，2022（5）：102-106.

[5]张伟.小学六年级习作《多彩的生活》跨学科教学案例分析［C］//全国小学语文教学研讨会，北京，2019.

［6］教育部.关于推进小学跨学科教学指导意见［R］.2021.

［7］李晓.小学六年级习作《多彩的生活》跨学科教学实践研究［D］.北京：北京师范大学，2022.

作者单位：北京第二外国语学院附属中学小学部

落实英语学习活动观，提升学生学科核心素养

——以北京版三年级上册"seasons"一课为例

付 霈

摘 要：英语学科要注重培养学生以语言能力、文化意识、思维品质、学习能力为代表的核心素养。英语核心素养的提升是一个长期的过程，教师要引导学生从知识和技能的学习转向能力和素养的提升。本文以"seasons"一课为例，教师基于英语学习活动观，设计了学习理解、应用实践以及迁移创新类的活动，以学生为中心，设计真实情境，帮助学生真正地解决英语问题，培养学生从低阶思维逐步迈入高阶思维，不断提升学生的学科核心素养。

主题词：小学英语；英语活动观；学科素养

一、引言

《义务教育英语课程标准（2022年版）》（以下简称"新课标"）指出，核心素养是课程育人价值的集中体现，是学生通过课程学习逐步形成的适应个人终身发展和社会发展需要的正确价值观、必备品格和关键能力。能力只有在需要能力的活动中才得以培养，素养只有在需要素养的活动中才得以形成。学生的学习不应只是静坐听讲、死记硬背、刷题考试，更应是实践、行动、体验、感悟。没有个体真实、完整、深刻的活动及体验，相应的素养就无法形成。因此，在小学英语学习过程中，教师要通过多种活动的设计与真实情境的创设，提升学生的核心素养。

二、英语学习活动观的内涵

活动观是为落实新时期核心素养目标而提出的符合中国教学实践的外语教学主张和解决方案,其以培养学生核心素养为目标,以学生为主体,强调学习过程由师生共同参与的一系列相互关联、循环递进的活动构成,为教师组织课堂教学提供指导。

具体而言,英语学习活动观是指学生在主题意义引领下,以语篇为依托,整合性地学习语言知识和文化知识,通过学习理解、应用实践、迁移创新等一系列促进语言、文化、思维融合发展的活动,帮助学生以主动、合作、探究的学习方式,运用所学语言知识和听、说、读、看、写等语言技能以及多种学习策略,获取文化知识、理解文化内涵、比较文化异同、汲取文化精华、发展逻辑思维和辩证思维以及创新思维,涵养内在精神,做到知行合一。

三、基于英语学习活动观,开展教学实践

(一)分析学情,确定目标

新课标指出,教师要聚焦课堂,分析学生,研读教材,设定目标。新课标中要求3—4年级的学生能够在教师指导和帮助下完成学习任务,能够用简单的单词、短语和句子描述中外文化有关的图片和事物,在学习活动中尝试与他人合作。本课属于"人与自然"主题语境,对于三年级的学生来说,他们乐于表达不同季节的不同天气、穿衣、做事、所见所闻等,但整合、梳理信息能力以及有逻辑的表达能力还有待提升。在活动观的指导下,通过学情分析,本节课的学习目标定为:1.通过谈论四季,学生能够整合梳理和四季相关的知识点如天气、穿衣、所见、所做等。2.学生通过介绍北京的冬天,能够梳理出介绍季节的思维导图。3.学生能够利用思维导图来介绍喜欢的季节,表达对季节的喜爱之情。课前亮标,引导学生明确本课的学习目标。从目标到活动再到评价,三位一体,实现对核心素养的培养。

（二）基于学习活动观的具体活动实施

本节课是围绕三年级"seasons"这一话题展开讨论，共涉及三个活动：①谈论四季；②介绍北京的冬天；③介绍喜欢的季节。本节课以学生为中心，使学生成为学习的主体，实现以"教"为中心向以"学"为中心的转变。作为学习活动的主体，学生通过自主、合作、探究的学习方式，积极参与意义探究的全过程，通过梳理、概括、整合、评价等活动，继而对所学知识进行迁移、创新。

1. 谈论四季，发展语言能力

第一个活动"谈论四季"，属于应用学习理解类活动。教师引导学生通过获取与梳理、概括与整合等活动，学习和运用知识与语言技能，从语篇中获得与主题相关的知识，形成新的知识结构。这个阶段的活动是培养学生逻辑思维的基础和手段，学生将平面的、线性的信息整合在一起，在头脑中将这些零散的事实性知识和语言融合为网状的、立体的知识结构。有关季节的知识如天气、穿衣、活动等已学过，教师给出本活动的步骤与评价方式，激发学生回忆已学知识，学生根据步骤开展活动，展示结束后，由倾听组做出评价。

本活动的步骤和评价方案如下：首先是活动步骤：step 1，choose one leader. step 2，choose one season. step 3，talk. step 4，show. 其次是评价方案：第一，good teamwork，加一分，这一评价能够促进学生加强团队合作。第二，4 aspects，至少介绍4个方面，加四分。第三，say more，加一分，有利于促使学生进行更多的语言输出。第四，good listener，倾听组认真倾听，加一分。设计这样的评价方案，能够促进学生加强团队合作，发散思维，有条理有逻辑地完成活动任务，将教学评一体化贯穿全程。

四个展示组分别讨论了四个季节的内容，如介绍春天时，提到了"In spring, it's sunny and warm .We can put on sweaters, jackets and trousers. We can see colorful flowers, green grass and birds. We can go hiking and go to the zoo. Sometimes we go to the park. We can fly kites, too"，倾听组能够抓住要点如"weather、clothes、see、do"等方面进行评价。介绍夏天时，提到了新的层面"eat"，"We can eat watermelons and ice creams. I like watermelons very much"。在讨论秋天时，除了提到weather、clothes等，提到了"We have a lot of fruits in autumn"，同时描述了"Autumn is a nice season"，

有了情感的表达。最后是对冬天的描述，在谈论到"do"的时候，学生谈论"We can go ice-skating on Kunming Lake of the Summer Palace"，即冬天在颐和园的昆明湖滑冰，提到了"When it is very cold, We can eat hot pots"，还谈论到"When we celebrate Spring Festival, we can eat dumplings"。学生的表达非常贴合生活实际，这样的活动设计能够激发学生将语言学习和实际生活联系起来，对已学知识进行整合与概括。

2. 介绍北京的冬天，拓展思维，提升文化意识

接下来是第二个活动"介绍北京的冬天"，属于应用实践类活动。这一活动从学生的已知出发，激活学生已有的经验与知识，引导学生学习和运用各种策略，在语境中探究意义，进行整合性学习并建构新知识，内化和运用已学知识，通过大量的语言实践，促进语言运用的自动化，达成应用实践的学习目标。教师补充文本内容，通过视频，介绍北京的冬天，引导学生梳理出介绍冬天的思维导图，为下一活动做准备。在学生观看视频之前，教师给出活动步骤与评价方式，学生根据步骤完成学习任务。活动步骤为：1. Watch the video. 2. Tell. Evaluations: good listeners, one point. say correctly, 2 points. 学生观看视频，在学生获取的这些零散的信息基础之上，教师引导学生梳理出思维导图。在思维导图的支撑下，引导学生再次观看视频，获取和思维导图相关的重点知识，深入理解文本。学生根据思维导图，从"weather""clothes""see""do"四个层面对文本进行概括整理，抓住北京冬天的特色进行介绍，将零散的线性的知识结构化，进行更多的语言表达。北京作为中国的首都，四季分明，冬天更具特色，在介绍北京的过程中，学生谈论道："We can go to the Forbidden City. We can see white snow and the red walls. We can also see the white Great Wall. It's like a dragon flying in the white snow. When it freezes, we can go ice-skating in Kunming Lake of the Summer Palace." 学生能够输出很多关于地域文化的知识，提升文化意识。

3. 介绍喜欢的季节，提升学习能力

第三个活动是"介绍喜欢的季节"，属于迁移创新类活动。这个层面的活动是超越语篇的，学生能够用新认识解决新情境下的新问题，更好地理解主题。学生通过迁移创新类活动，加深对主题意义的理解，从而能够运用所学知识结构或语篇结构，运用多元思维解决问题。在这一活动中，教师给出活动步骤和评价方案，学生根据上一活动梳理出的思维导图，通过团队合作绘制思维导图来介绍喜欢的季节。以下为本活动的活动步骤和评价方案：首先是活动步骤：step 1，choose one leader. step 2，choose the favorite season. step 3，talk. step 4，make the mind map. step5，show. 其次是评价方案：good teamwork，1 point. 4 aspects，4 points. write more，2 points. good listeners，1 point. 以下是学生团队合作在课堂上完成的思维导图。

这一组介绍 summer（见图1），从"weather""clothes""see""do"四个角度来介绍，学生能够抓住该季节的特点介绍，如谈论"We can wear shorts，T-shirts and caps."在谈论做事情时，能够写出"We can go to the beach and go swimming"的句子。

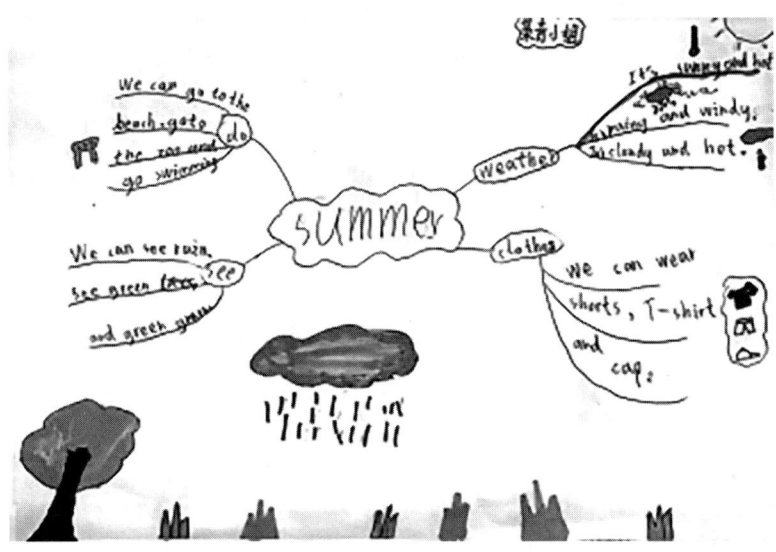

图1　关于"summer"的思维导图

这一组在介绍 summer 时（见图2），又从 have 这一新角度进行了描述，提到了"we have lots of rain in summer"，在语言表达方面也更丰富。这一活动促进了学生学习能力向素养的迁移。课后教师进行反思，就"feeling"这一角度而言，学生能够写出"I like，I am happy"这样的表达，教师应该进一步引导学生表述一下喜欢的原因，引导学生有更深度的思考。

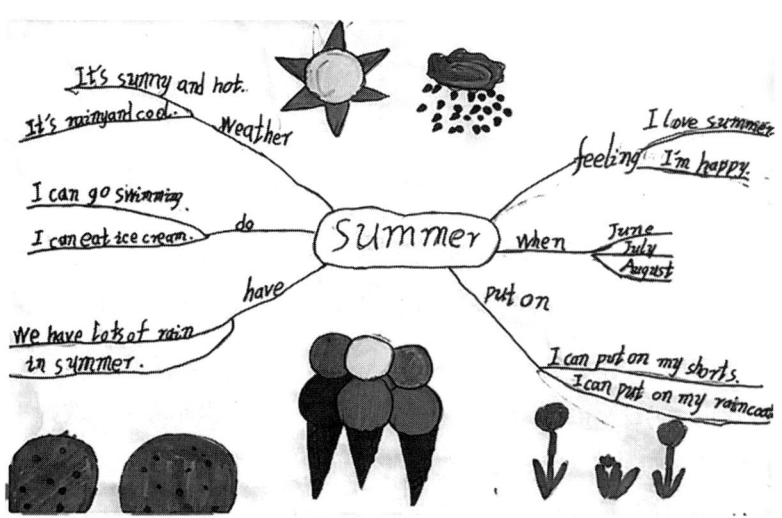

图 2　从新角度描述"summer"的思维导图

这一组介绍的 autumn（见图 3），增添了新的介绍视角，融入了"when"（时间）这一新的内容。同时在介绍"see"这一内容时，抓住秋天的特点——"We can see yellow leaves"。

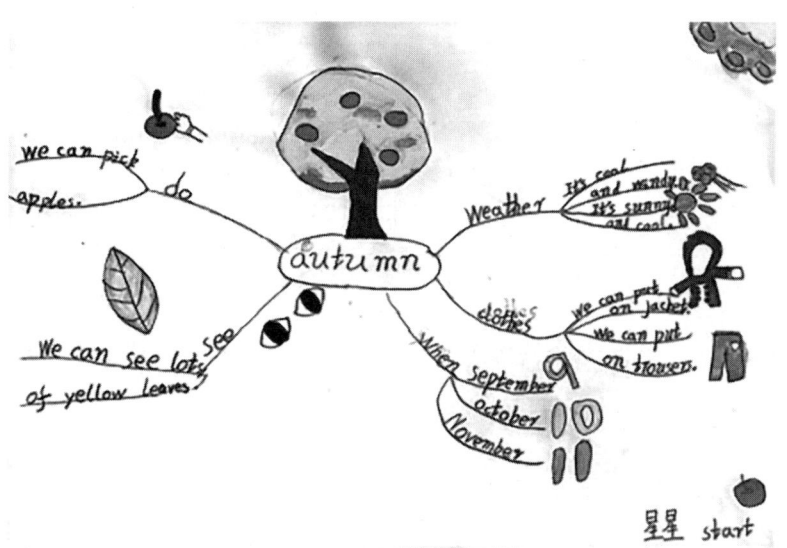

图 3　关于"autumn"的思维导图

在活动观的指导下，以上三个活动"谈论四季""介绍北京的冬天""介绍喜欢的季节"各有重点，但相互关联，实现了从知识向能力、从能力向素养的转化，把核心素养的育人目标落到实处。

（三）教学评一体化的充分实践

新课标指出，教师在教学过程中要树立"教—学—评"一体化的整体育人观念。"教"决定着育人方向和基本方式，直接影响育人效果。而"学"则是教师指导下的学生主体参与的系列语言活动，"评"则主要发挥监控教与学过程和效果的作用，教学评协同育人。在教学过程中，教师设计了教师评价、生生互评的活动，引导学生以评价的方式来分析、评判并反思活动中所学知识。在学习活动中，教师采用了"友善用脑"评价量表（见表1）对学生的表现进行评价，展示组学生如果能够按照相应的规则进行展示，并体现出团队合作精神，便会得到相应的加分，而倾听组学生如能对展示组进行合理评价，指出不足并提出建议，倾听组学生就可以获得相应的分数。除此之外，教师采用体态语言以及口头语言如"Good job/Great/Excellent/ Fantastic/You did a wonderful job!"等进行评价，评价贯穿教学活动全程。

表1 "友善用脑"评价量表

组名	倾听	规则	合作

四、结语

小学英语课堂中核心素养的提升是一项重要任务,教师首先要深入贯彻新课标提出的教学理念,整合教材,积极开发和合理利用课程资源,重新建构,开拓创新。要结合学生的学龄特征、兴趣爱好、语言表达能力进行各课时的情境创设,激发学生的学习兴趣。要以新课标为引领,秉承英语学习活动观,通过一系列的学习活动的参与,培养学生的跨文化意识。核心素养的提升是一个螺旋式的过程,这就需要教师不断加强学习,不断实践,不断探索,将理论知识运用到课堂教学中,做学生学习的引导者,为学生提供更大的发散思维的空间,逐步提升学生的核心素养。

参考文献

[1]胡建英.英语学习活动观背景下小学英语单元主题阅读教学策略[J].校园英语,2024(1):145-147.

[2]裴雪.英语学习活动观指导下的小学英语阅读教学实践:以3AM4U3 Period 3 Happy seeds 一课教学为例[J].教育,2024(2):96-98.

[3]王蔷,等.新版课程标准解析与教学指导 小学英语[M].北京:北京师范大学出版社,2022.

[4]王小敏.基于学习活动观的小学英语单元整体教学实践研究[J].校园英语,2024(3):106-108.

[5]魏薇.基于学习活动观的小学英语语篇教学实践与探索[J].英语教师,2023,23(21):180-183.

[6]中华人民共和国教育部.义务教育英语课程标准[M].北京:北京师范大学出版社,2022.

作者单位:北京第二外国语学院附属小学

小学阶段实用性阅读与交流学习任务群建构原则研究

荣雨昕

摘　要：语文是一门实用性学科。作为义务教育阶段语文学习任务群中的发展型学习任务群，实用性阅读与交流学习任务群紧扣"实用"这一本质要求，引导学生在贴近真实生活的情境中，通过实践积累获取信息的方法和使用信息的经验。在小学阶段学生核心素养发展的要求下，小学阶段的实用性阅读与交流学习任务群的建构，应坚持充分情境化、有效整合内容、高度匹配学习任务、重组过程性评价、紧密联系核心素养等原则，尽最大努力为高质量开展实用性阅读与交流学习任务群教学活动做好准备，最终实现引导学生将所学的语文知识用到实处的目标。

主题词：小学阶段；实用性阅读与交流学习任务群；建构原则

一、问题的提出

在促进学生核心素养形成与发展的大目标下，《义务教育语文课程标准（2022年版）》出现了一大变革，其以构建语文学习任务群为课程理念之一，提出"义务教育语文课程内容主要以学习任务群组织与呈现"。

及至小学教育阶段，语文学习任务群是一种新型的教学理念和原则，是以情境主题串联整合教学内容，以学习任务群分解学习内容，引导学生更深层次、更科学、更高效地进行学习。语文课程分3个层面共设置6个学习任务群。其中，"实用性阅读与交流"属于发展型学习任务群，旨在引导学生在语文实践活动中，通过倾听、阅读、观察，获取有价值的信息，根据具体交际情境和交流对象，清楚得体表达，有效传递信息，满足家庭生活、学校生活、社会生活交流沟通需要。①

那么，如何建构实用性阅读与交流学习任务群，使其既不偏离学习任务群整体建构的规范，又能充分凸显该学习任务群的独特作用，对教师提出了比较高的要求，需要教师在教学过程中研究和探索。

二、研究方法

一是文献研究法。广泛查找、阅读与"语文学习任务群""实用性阅读与交流学习任务群"研究相关的成果资料，为本研究提供科学的理论依据、经验参考，为后期的研究与实践工作打好基础。

二是实践法。通过实践教学，总结实用性阅读与交流学习任务群建构的原则要求，并在实践中发现问题，探究问题的解决方法。

三、研究成果与分析

本研究以实用性阅读与交流学习任务群作为研究主题，以三、四年级语文教学作为实践研究对象，探索总结出小学阶段实用性阅读与交流学习任务群的建构需要坚持的五项原则，具体内容如下。

（一）情境建构原则

主题情境是学习任务群建构过程中需要考虑的首要因素，也是统领整个学习任务群、引导学生参与课堂教学的关键。《义务教育语文课程标准（2022年版）》在课程理念中提出："义务教育语文课程实施从学生语文生活实际出发，创设丰富多样的学习情境……激发学生的好奇心、想象力、求知欲……"②这就指明了主题情境设置的努力方向。

情境设置要鲜活并具备真实性。实用性阅读与交流学习任务群要求这种真实性比

---

① 中华人民共和国教育部. 义务教育语文课程标准（2022年版）[M]. 北京：北京师范大学出版社，2022.
② 中华人民共和国教育部. 义务教育语文课程标准（2022年版）[M]. 北京：北京师范大学出版社，2022.

任何作业都要真实，既可以是现实的真实，也可以是可能出现的真实。①只有紧密联系生活、贴近生活，方能织密情境的真实特征；而真实的情境，能引发学生与现实生活的联想联系，降低对主题情境的陌生感，帮助学生更容易融入到设置的课堂学习情境中。②例如，在学习赵州桥等中国古代建筑内容时，可以选择学生比较熟悉的旅游和导游等生活印象，设置"评选优秀小导游"情境，能够更加容易激活学生积累的生活经验并加以扩展。真实情境下的学习，最终指向的是增强学生对真实世界的认识。

情境设置应紧扣实用性。实用性是实用性阅读与交流学习任务群有别于其他学习任务群的显著特点，其阅读对象包括说明书、参观访问记、考察报告、科技作品、新闻报道等，都是日常生活中真实接触的实用文，③所以更要结合日常生活的真实情境，就解决具有深切社会关怀④的真实问题进行教学，指导学生提升获取、整合信息与沟通交流的能力和水平。《义务教育语文课程标准（2022年版）》举例提出，第一、第二学段可以围绕"我爱我家""我爱上学""文明的公共生活"等主题设计学习任务，引导学生学习日常生活语言，学会文明交往，学习表达生活。这也提示我们，情境主题要对标小学中段学生的成长特点和需求，使"唤醒学生知识储备的背景情境与激发学生实践热情的任务情境"有机融合。⑤

（二）内容整合原则

学习任务群的重要作用之一是整合学习内容，"将教材选文及其助读、知识、练习系统构建为学习任务的诸项要素"⑥，将独立的、零碎的知识点梳理成具有统一主题、

---

① 所谓真实性，一是现实的真实，即真实的生活情境；二是可能的真实，指在生活中可能发生的事，或是可能遇到的问题；三是虚拟的真实，如小说、剧本等文学性文本，通过艺术手段所创造的"虚构"世界，它既是虚拟的，又能带给人真实的体验。任务群需要设置的情境属于第一、二类情境，即实用情境。参见梁昌辉《切于实用，有益于生活——"实用性阅读与交流"任务群教学解读》，载于《语文建设》2022年第10期，第29页。

② 有观点认为，从心理意义的角度，所谓"真实"是相对于学生的"真实"，参照系并非外部环境，而是学习心理，"情境任务"创设的起点和旨归都是学生，基于学生，为了学生，发展学生，契合既有学习经验，激发当下学习兴趣。参见张馨予《学习任务群视域下情境创设的基本特性》，载于《教学与管理》2023年第35期，第30页。

③ 郑桂华."实用性阅读与交流"学习任务群教学实施建议［J］.语文建设，2023（3）：5.

④ 社会关怀问题指向人类普遍关注的重大社会性、科学性议题，如生态环保、太空探索、文化保护等。

⑤ 实用性任务群的学习是体验式学习。当然要形成完整的体验活动链，需要"双情境"的支持。参见朱国忠《第三学段"实用性阅读与交流"学习任务群教学分析与建议》，载《教学与管理》2023年第14期第29页。

⑥ 于忠海.基于课标文本的"语文学习任务群"解读［J］.语文建设，2023（19）：22.

有条理的知识结构①，有效整合联动课内外内容，而非简单机械地叠加教材。

一是整合课文内容。无论是积累阅读经验还是提升交流素养，教学文本都是为学生精心筛选出来的学习内容。②所以，在实用性阅读与交流学习任务群建构中，首要的任务就是要利用合适的主题情境等"穿针引线"，将课文内容科学自然、紧密有序地进行整合，形成完整的实践体验链条，确保任何一篇课文都不遗漏，应学尽学，避免为了降低建构学习任务群的难度等刻意疏漏课文内容。

二是整合延伸阅读等内容。语文教材中，除了课文内容还搭配了课后习题、延伸阅读、学习园地、习作等内容③。这些内容是为了帮助学生更好地理解课文内容、拓宽视野、巩固知识而设置的。对于课文以外的内容，在实用性阅读与交流学习任务群建构中需要整合学习，提高课堂学习效率。甚至从更高层次的要求来看，实用性阅读与交流学习任务群在合适的情况下，可以"从主要依靠权威媒体、阅读经典文本、理解其中相对确定的信息，转向学会从多家媒体搜集信息、从多个文本筛选信息"，培养学生对芜杂信息加以辨析、整合的能力，进而更明确指向为有效地传递信息、更好地解决生活问题服务的学习。④例如，在部编版小学语文三年级下册第三单元，设置介绍中国古代科技成就的学习任务，可以引导学生在认识纸的基础上更进一步，引导他们查阅资料了解活字印刷术、指南针、地动仪等中国古代科技发明。这样的过程，能够为学生后续任务活动"提供更多实践机会"，进一步激发创新精神和实践能力⑤。

---

① 语文学习任务群是根据学生核心素养的要求，实现语文课程内容结构化的一种新探索，是语文课程内容新的组织形式。详情参见刘春、何欣《初中语文"实用性阅读与交流"学习任务群的学理思考》，载于《教学与管理》2023年第30期第72-73页。

② 实用性阅读与交流学习任务群文本类型有五种：第一，叙述性文本，包括有关个人生活、家庭生活、学校生活、大自然的短文和科学家小传等；第二，说明性文本，包括关于大自然的说明性文本、科技说明文等；第三，非连续性文本，包括在社会场所中出现的标牌、图示、说明书等；第四，应用文，包括留言条、请假条、短消息、简单书信、日记、笔记、大纲、思维导图等；第五，跨媒介文本，包括有关中华优秀传统文化、革命文化的多种媒介等。参见管贤强、魏星《实用旨归、做事路径、语用意蕴："实用性阅读与交流"任务群的内涵解读》，载于《语文建设》2022年第20期，第7页。

③ 部编版语文教科书从三年级开始设有单元导语，包括本单元的语文要素、关键能力训练点等，清楚地点明了精读课文和略读课文，厘清了学习重点。同时，从二年级开始，每篇课文后也设有选做题，涉及学生的语言运用实践。因此，在进行单元教学时，教师可以根据坡度设置进阶任务，开展单元阶梯实践活动，从而实现单元语文要素的落实以及学生关键能力的提升。参见沈洁《学习任务群理念下小学低段语文大单元教学研究》，载于《教育观察》2023年第26期，第114页。

④ 郑桂华."实用性阅读与交流"学习任务群教学实施建议［J］.语文建设，2023（3）：6.

⑤ 王林发，车丽金.指向生活实践的实用性阅读教学设计与实施［J］.天津师范大学学报（基础教育版），2023（5）：68.

三是整合其他学习任务群的一些内容。每一个学习任务群既是独立的体系，但也存在着一些联系，若是能够融合相互之间的一些有利要素，则能够实现学习任务群最大化的学习效果。例如，实用性阅读与交流学习任务群的核心目标是应用，但应用的基础就是学生要能够达到一定程度的认字、识字，并表达清楚，这就涉及语言文字积累与梳理学习任务群的范畴。所以，在实用性阅读与交流学习任务群建构时，不能仅仅局限于本任务群设计，要尽量整合其他学习任务群的可用要素，以便高质量完成学习任务的目标。

（三）学习任务设计原则

学习任务群是由一系列学习任务组成的。实用性阅读与交流学习任务群的学习任务越是契合社会场景下的实用性特征，越是能够凸显学习解决问题的有效性和价值。

首先，学习任务要有助于学生的问题解决能力提升。带着问题学是高效学习的一种重要方式。同时，良好的问题解决能力是"促进学生终身发展的必由之路"，[1]实用性阅读与交流学习任务群所属的系列学习任务本身就带着强烈的目的属性，不仅是要达成学习知识、理解知识的目的，而且要能够运用知识学会交流。此时，以问题导向来串联学习任务，能够明确任务活动的方向，指向有序的学习活动。在教学实践中，可以借助单元导语等内容厘清学习任务，并在学习任务的指导下层层推进，完成探究性学习[2]。

其次，学习任务要有利于学生自主合作学习[3]。让学生成为课堂学习的主角和学习活动的推动者是语文学习任务群的核心目的之一。而在实用性阅读与交流学习任务群中，强调更加紧密的社会联系，需要为学生创造更多机会，让他们在真实的情境中学习团队分工合作、探究研讨、沟通交流等多种社会生活要求的能力和素养。在这种情况下，学习任务的创设需要为学生高度自主合作学习、充分表达交流提供机会和平台。

---

[1] 周青.沉浸式阅读纳入跨学科主题学习：价值意蕴、逻辑理路与实践路径[J].教育理论与实践，2024（5）：47.

[2] 张国平.核心素养下语文大单元学习任务群教学设计与实施[J].亚太教育，2023（17）：48.

[3] 学习任务群要求以学生的自主学习为前提，让学生自己去完成学习任务。参见王宁《从语言战略角度看信息时代的语文教育》，载于《语言战略研究》2024年第1期，第7页。

最后，学习任务要富有创造性、挑战性。小学阶段推行学习任务群，本身就是一个创新的举措。如果还是沿用传统的学习形式，就很难摆脱以前的桎梏，难以大幅度激发学生兴趣，更难显现学习任务群的实效。同时，如果学习任务太简单，学生在学习进程中的自我价值感和获得感就会减少，进而失去继续参与的积极性和兴趣；而如果学习任务难度太大，又会导致学生不能深度突破、实现核心目标。所以说，学习任务的设定要注意体现层次性和进阶性①，引导学生一步步完成相关任务。此外，实用性阅读与交流任务群建构中，学习任务可以创造性地采用朗读、复述、游戏、表演、讲故事、情境对话、现场报道等学生喜闻乐见、使用频率高的形式，将识字、写字、阅读、写作、口语交际、搜集处理信息等融为一体②，在激发学习兴趣的同时，确保学生在完成学习任务的过程中拥有高度的参与感和获得感。

当然，一些作业任务也是学习任务的重要环节，"是学生为完成'任务'进行的系列学习活动，需要有高度结构化、强力关联性、丰富实践性的作业链建构"③。同时，学习任务不是越多越好，而是要"充分顾及问题导向、跨文化、自主合作、个性化、创造性等因素"④，与学生的基础和需求精准建立联系，层层推进，这种要求是贯穿学习任务群教学方法变革始终的。

（四）评价体系设计原则

在教学过程中，学生评价已经逐步从主要是以回答问题情况、听讲状态、作业完成质量、考试成绩等结果为导向的评价体系，向多元评价体系转变。《义务教育语文课

---

① 有研究认为，要实现语文学科的进阶学习，需要把握语文学习的过程性、关联性和连续性特征；只有在学习活动的过程中梳理清楚关联性和连续性，才能抓住进阶之"阶"。这就需要处理好语文学习活动中的"纵"与"横"："纵"主要体现在学段、单元的连续性、序列性和梯次上；"横"主要体现在当前语文学习的一切关联性要素上，比如互文文本、知识图谱及各学习任务的群聚关联、学习资源的整合等。要实现学习进阶也需要处理好"纵"与"横"之间的关系，并按照学科逻辑设计学习任务，指向语文核心素养的培养。参见梅培军《促进语文学习进阶的任务群设计——以三年级下册〈慢性子裁缝和急性子顾客〉为例》，载于《语文建设》2023年第16期第45-49页。

② 值得注意的是，语文课如果抛开思维，平行而孤立地去构建听、说、读、写训练，把这四样分解了的行为当成一种技能设计每堂课，其训练的不是创造性思维以及探究真理、认识和改造世界的能力，只是应对考题、制造高分的熟练程度。参见王宁《从语言战略角度看信息时代的语文教育》，载于《语言战略研究》2024年第1期，第10页。

③ 仇恒石，蒯正聪.学习任务群视域下作业链模型建构与意义解构［J］.教学与管理，2023（32）：21.

④ 中华人民共和国教育部.普通高中语文课程标准（2017年版）［M］.北京：人民教育出版社，2018：8.

程标准（2022年版）》提出，倡导课程评价的过程性和整体性。在此要求下，实用性阅读与交流学习任务群就需要将课堂评价和部分课后评价等进行重组融合，"关注学习过程本身的价值"①，形成具有明确标准、适应该学习任务群学习要求的过程性评价。

一是要注重对学习过程的观察、记录与分析。学生的学习过程是其投入的过程。整体而言，学生的学习投入是其个体与学习相关的积极、充实的精神状态，包括行为、情绪、认知等内容。②这些内容都将在学习的过程中表现出来，从而也对学习过程的观察提出了高层次的要求。与此同时，实用性阅读与交流任务群比其他学习任务群更重视实践，所以要在学生动手实践、汇报展示等多种学习过程中，认真观察典型行为表现，根据学生明晰的标准对学生学习表现进行评价，形成关注学生真实进步、直接反映学生综合表现的评价记录，组成全链条的"基于证据的评价"③。

二是注重提高学生自我评价、自我反思的能力。学习任务群构建的学习模式本就是强调以学生为主体的学习方式，而实用性阅读与交流学习任务群更加注重学生在真实生活情境中语言运用的实际表现。所以，要基于个人生活、学校生活、社会生活构建情境任务，以实际需求为导向，帮助学生有效评价自我实用性阅读与交流的能力。在评价中，应引导学生注意实用性阅读与表达的目的、对象、情境，以及交流效果，注意内容明确、条理清晰、语言简洁明了④。

当然，重视过程性评价并不是要放弃作业评价和终结性评价；同时，评价的最重要的价值应该是"为了让教师和学生从中学习"⑤。所以，整体的教学评价还是要依托"教—学—评"一体化的课堂即时评价、交流活动中的表现性评价、典型作业评价等多维度评价，最终作用于促进学生学习的提升上。一方面，评价应以综合素养为衡量标准，综合运用自我评价、小组互评等评价方式准确反映学生的语文学习水平和学习状况，引导学生合理运用评价结果改进学习。另一方面，评价的主体是多元与互动的，教师也要重视与学生的对话交流，增强自我总结、反思、改进的意识和能力，改

---

① 管奇峰."实用性阅读与交流"学习任务群的构建与实施：以五年级上册第八单元为例［J］.语文建设，2023（20）：41-45.
② 倪士光，伍新春.学习投入：概念、测量与相关变量［J］.心理研究，2011（1）：81-87.
③ 中华人民共和国教育部.义务教育课程方案（2022年版）［M］.北京：北京师范大学出版社，2022：15.
④ 中华人民共和国教育部.义务教育课程方案（2022年版）［M］.北京：北京师范大学出版社，2022：26.
⑤ 夏雪梅.项目化学习设计：学习素养视角下的国际与本土实践［M］.北京：教育科学出版社，2021年：序第7页.

进教学方法和手段。

（五）核心素养发展原则

学习任务群的实施是为了帮助学生更好地培养和发展核心素养，其最终成效的落脚点也是在此。《义务教育语文课程标准（2022年版）》指出，学习任务群要"突出不同学段学生核心素养发展的需求，体现连贯性和适应性"[①]。这就揭示了学习任务群与语文核心素养的关系。同时，就实用性阅读与交流学习任务群特质来讲，其目标指向"实用"，素养目标是能获取、整合有价值的信息，并恰当、有效地传递信息；学习路径与方法是在语文实践活动中倾听、阅读、观察，并根据具体交流情境进行有效得体表达。基于此，二者之间的联系程度取决于实用性阅读与交流学习任务群对语文核心素养的培养效果，主要包括以下三个方面。

一是重视锻炼语言运用能力和思维能力。学生的语言运用能力和思维能力决定了信息的获取和整合以及传递的完成程度；反之，信息的加工再传递过程也是对语言运用能力和思维能力的训练提升。换个角度说，实用性阅读与交流学习任务群在建构和实施过程中，"任务只是提升语言运用能力的手段"[②]，还是需要在实现信息获取、整合等目标的同时，有意识地重点训练学生的语言运用能力和思维能力，进而实现对学生语文核心素养的提升。若是只做到完成任务和锻炼思维能力的单一方面或是二者都没实现，则就很难称之为高效的学习任务群。

二是在表达交流中体现文化自信与审美创造。实用性学习任务群就是创造真实的社会情境来营造积极的促进学生表达的氛围。学生在表达过程中，若是能够充分体现文化自信，符合审美创造的要求，则有力彰显了语文核心素养的存在，同时也表现了实用性学习任务群对学生内在培养的效果。

三是注意与社会的适应性问题。实用性阅读与交流学习任务群达到的理想效果是通过阅读与表达的方式获得能够满足社会生活需要的交流能力。此时，需要根据学生

---

① 中华人民共和国教育部制定.义务教育语文课程标准（2022年版）[M].北京：北京师范大学出版社，2022：2.
② 查晓红.培养日常生活中的语言运用能力："实用性阅读与交流"学习任务群设计与实施例谈[J].语文建设，2022（12）：15.

的成长情况和接受能力，匹配引导提升社会认识以及与之相匹配的交流能力。例如，2023年北京市朝阳区小学三年级期末语文检测卷就出现了北京交通网络等相关的阅读题，要是对北京交通网络发展乃至北京城市发展没有一个基本的认识，则无法进行精准表达。所以，实用性阅读与交流学习任务群更加考验课堂与经济社会生活的对接和匹配，以进一步强化学生的社会意识和适应社会需要的能力。

四、结论与建议

语文是一门实用性学科，教师的教学内容、学生学习的知识都能够在社会生活中找到对应的参照。从社会的发展角度来说，获取、整合有价值的信息并及时有效地传递，已经成为信息社会中人们重要的生活资本。顺应此种学科发展和社会发展大环境的趋势，小学语文教学开展实用性阅读与交流学习任务群，不仅增添了语文教学的趣味性，更是培养学生核心素养的重要路径[①]。

教师是实用性阅读与交流学习任务群建构的主导者、活动实施的组织者和引导者，其对实用性阅读与交流学习任务群的认识决定了最终的课堂成效和学生学习效果。因此，教师要不断提升对实用性阅读与交流学习任务群的理解和认识，按照新课标要求和学生学习需要，转变教学观念，在建构实用性阅读与交流学习任务群相关活动过程中，坚持充分情境化、有效内容整合、学习任务高度匹配、过程性评价重组、紧密联系核心素养等原则，尽最大努力为高质量开展实用性阅读与交流学习任务群教学活动做好准备，保障学生在实用性阅读与交流学习任务群中获取知识、提升能力、发展素养，最终实现引导学生将所学到的语文知识用到实处的目标。

参考文献

（一）期刊

［1］陈宝红.学习任务群视域下的"实用性阅读与交流"［J］.语文世界，2024（5）：

---

① 因为文本自身的实用性，遍及学生生活"实际"，立足学生"实践"，可带给学生成功的"实惠"，有关"实用性阅读与交流"学习任务群的教学才更应该好好地研磨。参见刘春、何欣《初中语文"实用性阅读与交流"学习任务群的学理思考》，载于《教学与管理》2023年第30期，第74页。

52-53.

［2］陈冬霞. 小学高年级语文"实用性阅读与交流"任务群的学习情境建构［J］. 小学教学研究，2024（3）：79-80.

［3］陈静怡，陆道坤."实用性阅读与交流"任务群的内涵、设计与实施研究［J］. 教学与管理，2023，903（2）：27-32.

［4］陈硕，王渤."实用性阅读与交流"任务群的教学策略［J］. 汉字文化，2024（8）：142-144.

［5］丁美凤."实用性阅读与交流"学习任务群下的习作教学策略：以部编版四年级上册第三单元"写观察日记"为例［J］. 教育界，2024（2）：119-121.

［6］范夏婷. 学习任务群视角下的情境创设策略［J］. 语文世界（小学生之窗），2023，870（2）：60-61.

［7］管奇峰."实用性阅读与交流"学习任务群的构建与实施：以五年级上册第八单元为例［J］. 语文建设，2023（20）：41-45.

［8］管贤强，魏星. 实用旨归、做事路径、语用意蕴："实用性阅读与交流"任务群的内涵解读［J］. 语文建设，2022（20）：4-9.

［9］韩朝平. 小学生的性格特点及学校教育策略［J］. 上海教育科研，1998（1）：49-39.

［10］金晓丹. 基于语文项目化学习的"任务群"设计与实践［J］. 亚太教育，2023（21）：147-149.

［11］梁昌辉. 切于实用，有益于生活："实用性阅读与交流"任务群教学解读［J］. 语文建设，2022（10）：26-31.

［12］李俊堂. 跨向"深层治理"：义务教育新课标中"跨学科"意涵解析［J］. 四川师范大学学报（社会科学版），2022，49（4）：116-124.

［13］刘春，何欣. 初中语文"实用性阅读与交流"学习任务群的学理思考［J］. 教学与管理，2023（30）：70-74.

［14］刘丹玲. 实用之美：审美视角下实用性阅读的教学逻辑：以部编版三下《我们奇妙的世界》为例［J］. 新教育，2024（14）：52-54.

［15］梅培军. 促进语文学习进阶的任务群设计：以三年级下册《慢性子裁缝和急性子

顾客》为例[J].语文建设，2023（16）：45-49.

[16] 倪楚楚.小学语文"实用性阅读与交流"学习任务群教学探索[J].教育界，2024（14）：92-94.

[17] 倪士光，伍新春.学习投入：概念、测量与相关变量[J].心理研究，2011，4（1）：81-87.

[18] 仇恒石，蒯正聪.学习任务群视域下作业链模型建构与意义解构[J].教学与管理，2023（32）：21-25.

[19] 沈洁.学习任务群理念下小学低段语文大单元教学研究[J].教育观察，2023，12（26）：113-116.

[20] 孙采文，徐鹏."实用性阅读与交流"任务群的学习情境建构探究[J].中学语文教学，2021，506（8）：16-19.

[21] 汪潮.学习任务群"实用性阅读与交流"的解读与建议[J].语文教学通讯，2023，1241（6）：7-10.

[22] 王碧红.学习任务群在小学语文单元整体教学中的应用[J].新课程导学，2024（6）：89-92.

[23] 王浩.实用性阅读学习任务设计的层级建构与进阶策略[J].教学与管理，2024（17）：33-36.

[24] 王林发，车丽金.指向生活实践的实用性阅读教学设计与实施[J].天津师范大学学报（基础教育版），2023，24（5）：67-70.

[25] 王梦益.单元整体学习任务群构建实践探究[J].基础教育论坛，2022，434（36）：46.

[26] 王宁.从语言战略角度看信息时代的语文教育[J].语言战略研究，2024，9（1）：7-15.

[27] 王荣生."语文学习任务群"的含义：语文课程标准文本中的关键词[J].中国教育学刊，2022，355（11）：71-77.

（二）专著

[1] 课程教材研究所.义务教育语文课程标准（2022版）解读[M].北京：高等教

育出版社，2022.

［2］李竹平，等.呼应学习任务群：小学语文大单元教学设计·三、四年级［M］.武汉：长江文艺出版社，2023.

［3］凌宗伟.语文何为：语文学科核心素养与语文教学［M］.上海：华东师范大学出版社，2022.

［4］罗晓晖.语文课型与语文教学［M］.上海：华东师范大学出版社，2023.

［5］王俊鸣.语文教学的价值观与方法论［M］.北京：商务印书馆，2021.

［6］夏丏尊.夏丏尊教育名篇［M］.北京：教育科学出版社，2007.

［7］夏雪梅.项目化学习设计：学习素养视角下的国际与本土实践［M］.北京：教育科学出版社，2021.

［8］中华人民共和国教育部.普通高中语文课程标准（2017年版）［M］.北京：人民教育出版社，2018.

［9］中华人民共和国教育部.义务教育课程方案（2022年版）［M］.北京：北京师范大学出版社，2022.

［10］中华人民共和国教育部.义务教育语文课程标准（2022年版）［M］.北京：北京师范大学出版社，2022.

作者单位：北京第二外国语学院附属小学定福分校

小学英语戏剧教学的有效实施策略探索

肖梦涵

摘　要：在小学英语戏剧教学中巧用"读者剧场"，不仅能够丰富教学内容，还能激发学生对英语学习的热情，从而对初步形成综合语言运用能力起到积极的促进作用。教师需紧密结合这一模式在小学英语课堂中的具体实践，深入挖掘其潜力，制定出行之有效的教学策略，以进一步优化小学英语戏剧教学，提升学生的学习体验与成效。

主题词：读者剧场；小学英语戏剧教学；有效

《义务教育英语课程标准（2022年版）》把"通过英语学习使学生形成初步的综合语言运用能力，促进心智发展，提高综合人文素养"作为义务教育阶段英语课程的总目标。教师要在课堂教学中尽可能地为学生创设接触英语和使用英语的氛围，提高学生综合语言运用能力，利用读者剧场便是十分有效且重要的途径之一。

读者剧场是借助戏剧的艺术活动形式，通过结合知识内容、创设主题情境、自编剧情导向、引导学生角色扮演等方式来实施英语教学的一种模式，旨在通过观察、个案研究等方法，培养学生的审美意识。

一、小学英语戏剧教学中的问题剖析

目前，在小学英语教学中戏剧教学已经被教师普遍重视。小学英语教学活动设计主要围绕小学生的心理特征来考虑，小学生好动、乐于扮演和模仿的天性在该模式中得到了释放。但从客观上来看，戏剧教学中依然存在诸多问题。笔者在本校五年级96名学生中做了一次关于小学英语表演情况的调查，其中有一项是关于学生是否喜爱表演以及能否创编剧本的情况（见表1）。

表1　学生喜爱表演及创编剧本能力的调查

选项	人数	占比 / %
喜爱表演，并能自己创编简单剧本	27	28
喜爱表演，但不能自己创编剧本，可以根据老师所给框架与同伴合作完成	51	53
喜爱表演，但不会创编剧本	12	13
不喜欢表演，也不会创编剧本	6	6

从表1可以看出，96名参加此次调查的学生中，有28%选择"喜爱表演，并能自己创编简单剧本"；有53%选择"喜爱表演，但不能自己创编剧本，可以根据老师所给框架与同伴合作完成"；有13%选择"喜爱表演，但不会创编剧本"。可见，大部分学生很喜欢表演，但是独立创编剧本的能力亟待提高。

本次调查中还设计了如下调查项目：你认为影响你进行读者剧场表演的因素是什么（可多选）？调查结果见表2。

表2　影响学生进行剧场表演的因素

选项	人数
单词发音不准确	55
词汇量不够	67
语法易出错	101
缺乏表达内容	31
其他	20

从表2可知，学生表演时受单词发音、词汇量、语法的影响最为明显。

根据以上调查，我们可以将戏剧教学中存在的问题归纳如下。

1. 怕出错制约了学生的口语表达

目前很多学生在英语课堂表演时所使用的台词和剧情都是课本内的或者都是教师事先编排好的，学生对于内容不熟悉且准备时间不充分，部分学生害怕出错，只有基础好的同学敢于表现，而教师由于课堂时间的限制无法一一进行纠正。

2. 难介入限制了学生的自主创编

学生普遍缺乏良好的英语学习环境，课堂上练习口语的机会较少，因此英语口语水平普遍较低，同时他们的语法知识不足，词汇量有限，这就使得小学生自己编排剧本极为困难，虽然小组合作能够解决部分问题，但由于耗时较多，很多教师选择了跳过或者弱化这一环节。

3. 难度挫伤了学生的参与热情

学生的适应力很强，虽然课堂环境与设施不齐全，但仍有热情。但是难度使得学生疲于应付，不能很好地自主地融入其中，学生之间以及师生之间的交流合作不是很积极，导致戏剧教学对小学生口语能力的促进作用难以显现。

二、小学英语教学中实施戏剧教学的策略

戏剧教学在小学英语教学中的应用比较广泛，但是也存在一些亟待解决的问题。本文将从以下几个方面提出应用策略，以解决戏剧教学在小学英语教学中存在的问题，使这种教学模式在小学英语教学中发挥优势。

1. 烘托氛围，活跃课堂气氛

戏剧教学中表演营造的氛围具有双重作用：一方面它使得读者剧场更加逼真和生动，能够调动小学生参与学习活动的兴趣，增强他们的语言表达欲望；另一方面，良好的氛围也能够有效推动剧情进展，最大化地体现表演的价值，让小学生身临其境，构建自己的经历，进而深化他们对英语的认知，实现表演技能与英语语言技能的双向提升。情景剧的表演必须依托活跃的课堂气氛。首先，教师可以借助多种元素，如音乐、图片、旁白、实物道具等来活跃课堂气氛，烘托剧场气氛。其次，教师应充分考虑剧本各个环节的设计与安排，比如剧情是否贴合教材内容，情境的创设能否链接学生生活，表演形式是否能够增强小学生的互动等。

以四年级 My favourite drinks 一课为例，本课作为补充教材学习内容，是围绕在餐厅点餐时如何正确表达为主题的综合实践。教师可以根据教材内容将课堂设计成一个饮品店。为了确保这一场景真实，教师可以在课前准备饮品单、咖啡机、各种饮料，为学生提供选择。

复习过程中，教师通过总结点餐用语，促使学生把课文内容和补充内容表达出来，培养学生的口语表达能力。在表演环节，教师可以适时引导学生，用不同的感情朗读同一个句子，引导学生进行尝试，以此活跃课堂气氛，同时，帮助学生解决单词发音和语法的问题。教师再由课本的咖啡店拓展到现实生活中的快餐店和中餐馆，利用读者剧场的手段，让学生在情境下创编对话，发展思维，锻炼语言。教师可将中餐食物和饮品做成 WORD BANK（单词银行）供学生挑选，创编时在对应的场景下可以使用这些词，以降低难度。之后，以小组为单位上台设计小组活动，可以引导学生在组内分工，如有的组员当顾客和服务员，他们的语言相对固定；有的优秀组员当旁白和导演等。这样的活动形式可以增加学生的参与面，降低他们的学习难度，保护他们的学习积极性。

2. 发掘身边可用的道具，搭建框架

教师可以为小学生提供形象鲜明且具体的表演道具，也可以让学生自己发掘道具。为学生搭建逼真的表演舞台，创建真实的生活情景，以此促进学生快速融入剧情，激发学生的表演兴趣，提高学生的学习效率。

例如，北京版小学英语六年级上册第三单元 Lesson10，所涉及的话题是有关环保、低碳生活以及动植物保护的。本课是在第九课、第十课第一课时环保话题的基础上来学习的，在第九课第二课时还补充了绘本阅读"The Earth Book"，绘本内容为学生提供了语言句式和学生可以做的更多的保护环境的事情。这个话题比较贴近学生的实际生活，在这方面学生有一定的生活基础，可以为学生设计符合实际的场景，以学生感兴趣的方式，在课上为学生创设更多的可以交流的机会。如今垃圾分类在社区和学校中广为宣传，更与本单元内容相呼应，可以为学生增加阅读材料，引导他们学习如何进行垃圾分类，从自己做起，保护环境。学生能够在"保护环境 珍爱家园"的主题下，通过思维导图自主复习第九课、第十课的文本内容以及自主归纳表达建议的句式。再通过"听、看"视频以及快速阅读选择和填空习题，了解在小区内和班级中如何正确进行垃圾分类。最后通过对在教室中产生的垃圾进行分类的实践和体验，使学生聚焦在平时的学校生活中如何保护环境。

以上活动设计给了学生足够的语言框架和情景框架，学生在表演时就能将所学运用到实际生活当中去。学生搜集学校生活中的垃圾作为道具，建立语言与实物的联系，并通过实物体验来加深对英语新词汇的认识和对剧情的理解。诸如此类的道具应用在小学英语戏剧教学中较为普遍。在学习中借助道具能够使学生联系更多的英语知识，从而提高小学英语戏剧教学成效，增强小学英语学习的趣味性与主动性。

3. 教师指导，学生自主表演

读者剧场的运用重点在于给学生足够的自由发挥空间，其主要目的在于通过让学生在表演中开口说英语，锻炼综合语言运用能力，因此全程都要着重体现学生的主体性。在整个表演过程中，教师不再充当课堂主导者的角色，而应该把表现的舞台归还到学生手中。

如果学生在表演过程中出现发音错误、语法应用不当以及口语和书面语错位等问题，教师无须马上指出，而是应该等待学生表演完后再进行统一评价。以上文提到的学校垃圾分类一课的表演为例，学生在用自己的语言表达时出现了个别词汇发音错误、语法不正确的现象，此时教师可以做好记录，在表演结束之后，试着引导学生自己发现错误，或者让其他同学委婉地指出错误，如：We put…into the Recyclable Waste. Can you say the sentence again？教师将重音放在 Recyclable 和 Waste 这两个词上，引导学生发现自己刚才表达时的错误发音。学生在第 2 次复述时，若说对了，教师要及时给予肯定和表扬；若仍存在问题，教师可以提问其他学生：Who can say the sentence？由其他学生为其纠正。这样既不打断戏剧表演，也能够照顾到学生的自尊心，还能培养其他学生的倾听习惯，一举多得。在学生表演的过程中，可能会出现剧情设置不合理的情况，教师此时不要突然打断，可以试着换一个角度来审视。充满幻想与创意的儿童思维自有其独特的逻辑，只要是正能量就可以鼓励并做适当的引导。通过这种还原自主舞台的做法，使小学生的表演具有连贯性，对话更加流畅，这为小学生的英语口语表达带来积极的正面影响，使学生感觉到安全自在，能放心大胆地信任老师和同学。

三、戏剧教学助力小学英语教学的优势

通过上述教学实例不难看出，英语戏剧教学作为一种全新的英语口语练习与强化路径，通过逼真的情景设定和道具运用，为小学生搭建了开口说英语的互动舞台。提

高学生自信，培养学生感受语言美，它在小学英语口语教学中的优势也逐渐显现。

1. 激发兴趣，及时融入角色

第斯多惠指出，教学的艺术不在于传授本领，而在善于激励、唤醒和鼓舞。戏剧教学能够帮助学生提升英语口语表达能力，学生也能充分感受到不同文化下的语言魅力。它以生动形象的场景打动学生，它以逼真的道具、丰富多彩的故事内容和多人参与的形式，调动学生的学习积极性。编写剧本和讨论剧情的环节促成了学生间的合作学习和交流，也培养了学生的参与意识，缓解了他们学习的压力，还有助于他们克服不敢说英语的胆怯心理。在这样的学习情境中，学生开口说英语的信心倍增，口语表达能力也在轻松有趣的表演过程中得以提升。

2. 多元展示，拓宽交际渠道

目前虽然大部分教师都在尽量为学生创设一些语言表达的机会，但是方法相对来说比较单一，多采用传统的一问一答的形式。这种形式看似调动了小学生表达的积极性，但是其内在本质并没有改变，仍旧局限于照本宣科的层面，不是真正意义上的有效交流。《义务教育英语课程标准（2022年版）》强调鼓励学生在教师的指导下，通过体验、实践、参与、探究和合作等方式，发现语言规律，逐步掌握语言知识和技能，不断调整情感态度，形成有效的学习策略，发展自主学习能力。戏剧教学正是将英语学习与情景表演相结合，通过听、做、说、唱、玩、演的方式，鼓励学生积极参与，不怕出错，乐于交流，实现英语口语素材的自我建构，从而达到逐步提高英语口语表达能力的目的。

3. 师生互动，激励学生学习

师生之间的相互倾听与对话是课堂沟通的桥梁和纽带。戏剧教学就像一剂师生关系的调节剂，有效地促进了英语教师和学生之间的良性互动。当小学生表演时，教师恰到好处的指导、点评和鼓励能够给予小学生足够的自信，从而使他们燃起自我展示的欲望，积极地参与到教师安排好的教学活动中来。

综上所述，戏剧教学对于优化小学英语教学起到了积极的推动作用。然而我们也应该充分认识到，戏剧教学法如今还处于实验阶段，仍然有许多困难等着广大小学英语教师们去解决。因此，当我们在使用这种充满创意的教学手段时，要思虑周全，认真分析学情，努力探索更多的改善方法和优化路径，巧妙融合其他教学方法，力求使戏剧教学取得最大的教学实效。

参考文献

[1] 英语（一年级起点）（六年级上册）[M].北京：北京出版社，2014.

[2] 中华人民共和国教育部.义务教育英语课程标准（2022年版）[M].北京：北京师范大学出版社，2022.

[3] 第斯多惠.德国教师培养指南[M].袁一安，译.北京：人民教育出版社，2001.

作者单位：北京第二外国语学院附属小学定福分校

基于新课标的小学英语课堂开展学科融合教学的实践分析

徐芳辉

摘 要：在当今信息快速发展的社会背景下，教育的改革与创新势在必行。新课标为小学英语教育提供了更为明确和全面的指导，学生综合能力的提高势在必行。小学英语课程的教学理念也在不断演进，传统的单一学科教学已经不能满足学生全面发展的需求。学科融合教学作为一种全新的教学模式，为小学英语教育带来了新的思考和机遇。本文作者将基于对新课标下的小学英语课堂开展学科融合教学的实践分析，来探讨如何在英语课堂中融入其他学科元素，促进学科之间的跨界融合，从而有效提升学生的综合核心素养和学习效果。

关键词：新课标；小学英语；学科融合；教学实践

引言

随着教育改革的不断深入，学科融合教学逐渐成为小学英语教育的新趋势。全面培养学生的综合核心素养已成为现代教育的重要目标，而学科融合教学正是实现这一目标的有效途径。基于新课标的小学英语课堂开展学科融合教学，是一种将不同学科知识与英语学习相结合的创新实践。

一、学科融合教学的理论基础

（一）学科融合教学的定义与内涵

学科融合教学是一种教学模式，目标在于全面整合各学科的知识、技能及概念，提升跨领域知识掌握及思维运用能力。该种模式要改变各学科知识孤立传递的既有模式，推进跨学科教学融合，使各学科知识体系有机融合，创新规划课程及教学实践，以实现知识整合与多元运用。学科融合教育的目标在于消除各领域之间的壁垒，引导学生全面理解与应用所学知识，增强综合核心素养。作为教师，首先，在规划教学方案时我们需要克服学科类的束缚，整合各学科精髓，打破界限，实现教学创新。其次，我们要明确，学科融合的教学旨在培养学生的跨领域学习能力及问题解决能力，使其在各个学科领域能熟练运用所学知识和技能，解决实际生活中的问题。与此同时，更重要的是，学科融合教学更加关注塑造学生的情感及心态，培育学生具备跨领域协同、沟通及团队精神塑造的能力，提升全面素养与应对社会变化的能力。因此，我们教师在跨学科教育中就具有关键性作用。我们应具备跨领域教学技能及开阔的视野，具有跨领域知识融合及创新课程规划的技能，同时更要具备引导学生开展跨学科思考与学习的探索方法。这样的教学新模式将会使学生们在学习的过程中表现出积极性，增强自主探索和问题处理的能力。这样的学科融合教学才真正突破了传统学科教学的范畴，为学生全面发展奠定了基石。

（二）学科融合教学对学生全面发展的作用

学科融合教学对学生全面发展具有举足轻重的作用。

首先，学科融合教学助力学生实现跨学科成长，使其掌握跨领域的知识与技能，让学生们能够更加全面地认识世界以及具备更好的解决现实生活中实际问题的能力。更值得一提的是，学生们在这一实践过程中所掌握的跨学科学习的策略能够使他们增加认知的广度，促使其打造更加完备的认识架构，从而体现出他们跨领域思维及运用知识技能的综合素质。

其次，学科融合助力学生全面提升综合核心素养能力。整合多元学科观点实现有机统一，学生在学习过程中就能够学习、掌握和运用各学科的基本理论，并且所学的各学科知识也能够通过一些学科融合的、综合性的活动得以实践。这些综合素质在未来学生的人生征程中具有重要的作用，它们不仅可以助力学生快速地适应纷繁复杂的社会环境，同时，还能有效地、持续地激发学生学习的兴趣与积极性。

最后，采用学科融合的学习策略，学生能够更加准确地把握学科知识内涵及应用范围，从而增强学习的内驱力与主观能动性。

这样的一种教学模式，使学生在跨学科知识的交融中体会到学习的乐趣与意义，提升知识探索与学习的内驱力与自信心。这正是学科融合教学对学生全方位发展所产生的深远作用，以及体现出的培养新一代人才的真正使命与意义。

二、学科融合教学对小学英语学习的影响

（一）促使学生学习动机和兴趣的提升

英语与其他学科的整合教学模式，创设了富有吸引力和真实性的学习环境，能激发学生对英语学习的炽热兴趣。在英语课堂中，当学生面临与生活领域及其他学科关联的话题与素材时，他们可以将英语知识运用于真实的生活情境中，因此，学习积极性得以提高。比如，运用科学和数学领域的教学策略，英语学习者习得实验阐述、图表剖析及数学运算等能力，这样的教学策略不仅赋予了学生更显著的实践价值，同时也起到了更好的激励作用。学科整合教学为学生汇集了众多优质资源和素材，这也使学生在学习过程中的趣味性和互动能力得以提升。融合科技、社会综合实践、实验及游戏等多元素手段于一体，学生因此能够借助多元化学习途径来开展英语学习，这也就能够再次实现极大地激发他们的学习热情的效果。因此，学科融合能够真正地、有效地提升学生的学习兴趣与活力，优化他们的学习成效，为学生综合能力及跨学科思维的培育奠定了坚实的基础。

（二）促进学科知识的融通和综合能力的培养

学科融合教育实现了英语与各科资源的无缝衔接，使学生能够将英语知识运用于实际生活情境中，并能够掌握跨领域知识整合与实际灵活运用的技能。在英语学习过程中，学生通过跨越学科界限，实现知识融通，运用各学科学习策略，就能够更好地、高效地获取与整合所学知识。学科整合教学也能为学习者提供丰富多样的学习材料与资源，引导学生自主学习，提升其主动求知的内驱力。这样学生在获取知识时不再是纯粹的被动接受者，而是能够去主动探讨、寻求并处理问题。从而使学生的综合核心素养真正地在跨学科教学实践中得到提升。

（三）教师教学效果的有效评价和反思

学科融合教学对小学英语学习的影响不仅体现在学生层面，也在教师教学效果评价和反思方面发挥了重要作用。首先，学科融合教学激发了教师的创新能力和探索精神。要想融合不同学科的知识和教学资源，教师就需要掌握跨学科的思维方式和教学策略，不断通过尝试和创新来满足学生的学习需求。这种创新和探索的精神使教师能够更好地调整教学方式和内容，提高教学效果，因此，学科融合教学能够更好地促进教师的反思和专业发展。在实施学科融合教学时，教师经常需要与其他学科教师一起进行跨学科的教学设计和评价。这种合作和交流加强了教师的反思意识，使其能够审查和评估自己的教学实践。通过反思，教师能够发现教学过程中的问题和挑战，并寻找改进的方式，在某种意义上，这也为教师提供了更多的专业发展机会。其次，学科融合教学对教师的教学效果评价和反思起到了推动作用。在学科融合教学中，教师需要综合评价学生在多个学科中的学习成果，这就促使教师深入学习、思考和评价自己的教学效果。通过分析学生在综合学科项目中的表现和成就，教师能够了解自己教学的优势和不足，进而进行针对性的提升和改进。此外，在学科融合教学过程中，也需要教师和学生之间的互动和反馈。教师通过与学生的交流和反馈来调整自己的教学策略和方法，从而提高教学效果。

综上所述，学科融合教学可以激发教师的创新和探索精神，促进教师的专业发展和反思能力的提升。同时，学科融合教学也丰富了教师的教学经验和教学资源。通过学科融合教学，教师能够更好地评价和反思自己的教学效果，改善教学策略和方法，提高教学质量。

三、学科融合教学面临的挑战

（一）教师的教育背景和能力方面的欠缺

教师角色在新课标下发生了变化，教师不仅是知识的传授者，也是学生的引导者，因此教师须拥有广泛的跨领域知识和教育背景。鉴于跨学科教育需实现英语与其他学科内容的无缝衔接，因此教师在全面熟知英语领域的前提下，需进一步研究其他领域教学与教育需求。同时，教师在熟练掌握英语教学策略的同时，也需具备跨领域教学能力以及对其他学科的把控能力。此外，教师还需具备创新思维及跨学科知识整合能力。学科融合教学专注于促进各学科知识的交叉与融合，教师要善于发现跨学科联系，以实现教学设计的高效性。教师所具备的创新思维，便于设计跨学科项目与任务，更好地激发学生的学习潜能，并开展全面素质培养。此外，教师仍需拥有协同合作及团队协作的技能。因为教育领域中的学科整合需要教师达成跨学科协作及交流，执行跨学科协同教学规划方案。所以教师应具备优秀的协作技能，在教材选择、设计评价标准与方案等方面展现出卓越的交流、协作及调节的能力。然而，小学英语教学整合中，教师教育背景与能力欠缺是当前所面临的困难之一。当前，诸多教师在专业领域及跨学科教育方面显现不足。教师的专业知识、教育背景和所接受的培训主要集中在各自所教授的学科领域，在其他领域的认知及教学能力方面稍显欠缺。因此，教师需要参加跨学科教育的培训，从而来提升跨学科教学的能力。

（二）课程设计和资源的整合不足

课程设计需全面考虑英语领域及其他学科的教学目标和需求。学科融合教育倡导英语与其他学科内容的无缝衔接，因此，课程设计需凸显教学目标整合，根据学生需求甄选教学素材与活动。教师应具备跨领域教学能力，全面了解各学科规范与需求，将内容与英语课程标准内容相融合。教师在整合各类教材、资源及技术工具时，在推动学科整合教学实施的前提下,需要学会更好地进行跨学科教材与资源的筛选、调整,从而来适应融合教学的需求。此外,教师还需要精通各类技术工具的运用。例如,将音视频设备与网络资源深度融合,就能够很大程度地提升我们的教育质量。然而,在资源整合过程中,教师可能会面临资源不足或不完备的困境,这就需要教师付出更多时间和精力,搜寻并筹备适用于跨学科教育的教材与资源。此外,课程时间布局与控制也是融合教学面临的困难之一。教师需要在有限的教学时间内完成学科融合,实施跨学科整合教学活动,优化配置各学科教育资源。因此,教师还应掌握好时间管理技巧,以提高教学资源分配效率,从而来确保学生全面掌握各学科知识。

(三)学校层面的支持力度不足

学校层面需要对学科整合教学表示热烈支持和认同,使学科融合教学在英语教学领域得以应用,实现英语与其他学科内容的紧密融合,从而达到增强学生全面综合素质提升的目的。学校管理层应熟知学科整合教学的实质与关键意义,高度重视学科融合教育对于全面提升学生综合素质的核心推动力。然而,传统学科分类观念与各项教师评价机制的限制,致使学校高层往往固守陈旧的学科分类以及对教师的评价方式,从而导致了学科间的相互孤立与割裂。因此,学校层面就需要推行创新思维,积极推动跨学科教学实践,为教师提供充足激励与扶持。

四、基于新课标的小学英语课堂开展学科融合教学的实践策略

(一)明确学科融合目标

学科融合教学旨在全面提升学生综合素养,综合素养能力由语言能力、跨领域思维能力、创新能力及协同能力等多元能力组成。学科融合教学通过对多元学科内容的整合,实现其与英语教学实践的深度融合,为学生提供丰富的学习资源和情境,同时,也能够引导学生全方位提升语言运用、问题解决及交流合作的能力。学科融合教学旨在深化各学科间的联系,促进各领域知识技能的高度整合,促进学生跨领域思维的形成与延伸。例如,英语领域能融入数学、科学及社会等方面的知识,优化学生对

这些学科的全面理解从而提升相应的知识应用能力。学科融合教学的目的在于培养学生的创新思维及问题解决能力，多元化交叉领域构建出宽广的学术领域，提倡学生运用跨领域思维解决问题，增强创新思考与问题解决能力。例如，整合科技与艺术等多学科要素，助力英语学习，促进学生创新潜能与思维发展的提升。最后，学科融合教学的目的还在于增强学生文化素养及拓宽学生的国际视野，整合英语与其他学科知识，引导学生深入探究跨学科文化及价值观。

（二）设计跨学科主题

跨学科主题设计旨在实现英语与其他学科内容的无缝融合，重塑跨领域价值与学习空间。在进行跨领域主题选择时，我们应契合学生的实际生活与求知需求。首先，教师可以根据学生兴趣、现实社会状况或当前热点确立教学主旨。例如，教师可以选择环保、健康生活、文化交流等领域的主题进行研究，这些主题既能与英语领域高度契合，充分利用各领域的协同优势，同时，也能够使学生们拓展知识与语言技能范畴。其次，跨领域主题设计还需要考虑各领域之间的关联性和均衡性。教师在规划主题时需全面考虑各学科要素及目标，确保学科主题得当。例如，"环保"主题，所涉环境与能源英文词汇均可以得到涵盖，同时也能够运用环境科学理论及数学统计技巧等方法，这就体现了各学科领域间的交互融合与协同效应。最后，跨领域主题设计可借鉴已有的探究式学习或项目式教学策略。此方式有利于激活学生自主探究与研究的潜能，增强他们在解决问题和团队合作方面的能力。例如，在"文化交流"主题下，学生在参与调研、采访及演讲比赛等的各类活动中，既亲身体验了异域交流，也能够在协同与交流的过程中加强对英语及其他领域的理解。

（三）实施多元教学方法

多元教学方法的实施旨在唤起学生对学习的热情，全面提升他们的个人综合素质，优化跨学科教学成效。多元教学模式囊括项目、协同及探究式教育等多种方法。项目学习鼓励学生针对实际问题展开研究，实施探索性学习，以增强问题解决能力和团队合作素质。英语项目教学的融合，可以很好地培育学生的跨领域思维，让他们协同推进项目，共同筹划、协同作战、交流、合作，最终来展示他们的综合素质。在采用多元教学方法时，教师可以将多元化信息技术多媒体元素中的图像、影片、声音等元素融入英语教学课程中，以提升学科整合的效果并同时激发学生的学习兴趣，提升他们的学习成效。同时，还可以利用网络资源，让学生了解、触及更多知识领域，从而来提升他们的跨领域知识整合与交流能力。

（四）进行评价和反思

在跨学科教学实践中，评价与反思两个环节的关键地位显而易见，有效的评价与反思可以很好地促使师生不断积累经验，完善自我，最终达到提高学生综合素质的教育目标。首先，作为教师，我们要学会对学生的学习状况及成长过程进行有效的评价与反思。关注并分析学生在参与度、阶段性成果或终结性阶段成果等方面的表现。因此，教师就需要具备解析学生具体表现的能力。与此同时，教师还需要能够推动学生自主反思，使他们逐步增强自我评价与自我约束能力，以达到自我提升学习的效果。其次，作为教师，我们还需要审慎剖析教学过程中所暴露出的问题，并积极寻求改进与提升策略的方法。最后，作为教师，我们也要学会对学科整合教育的整体成果及社会影响进行评估与反思。针对学科整合教学的实施策略与成效，师生可进行深度探讨，团队成员互动，交流经验学习，从而提升共享学习成果的效能。我们还可以邀约校内外专家予以评估，搜集各领域建议，以改进我们跨学科教学的实施效果，提升我们的教育水平，增强社会影响力。

（五）注重任务型教学法

任务型教学法是小学英语课堂开展学科融合教学过程中有效的途径与策略。任务型教学法以学生为核心关注点，突出实际操作在真实任务环境中的重要性，提升学生的学习热忱与动力，增强其语言运用及问题解决能力。任务型教学模式下，教师职能出现变化，不再固守传统的知识传播者角色，反之，他们扮演着引领和筹划的角色，引领学生逐步习得完成任务所需的语言技能。教学设计任务型模式一般涵盖以下几个环节：首先，教育工作者明确任务目标，确立任务需求及特定场景。其次，在特定场景里，引导学生运用英语应对实际问题或完成一项活动，如角色扮演、辩论讨论等。在此教学过程中教师应为学生提供必要支持，从而促进学生团队之间的合作与交流。

最后，教师审视任务的达成度，利用评价机制进行全方位的评价，以此来剖析学生的成功经验及不足之处，帮助他们进行针对性的提高，从而达到提升语言运用及问题解决能力的最终目的。任务型教学法以学生参与和实践为核心，关注真实情境下学生的语言运用技能。学生在任务型教学中能够很好地实现语言交际场景的应用实践，增强自学意愿与热情，达到他们提升语言表达与交流能力的目标。此外，任务型教学有助于培养学生的协作精神以及问题解决能力，提升创新思维与辩证思维水平。任务型教学法突出实践、互动及自主性培养，设置完成任务设定、执行过程及反馈评价等环节，提升学习全面素养与语言技能。

可见，任务型教学法是小学英语课堂开展学科融合教学过程中非常有效的教学策略之一。

结语

综上所述，我们不难发现，通过学科融合，采用多元教学方法、多种教学策略，可以很好地激发学生的学习兴趣，促进跨学科知识的整合并提高学生的综合能力。同时，通过学科融合这一教学新模式，还能不断地培养学生的合作精神、创造性思维和自主学习能力。然而，我们也要深刻地认识到，学科融合教学的实践与应用仍需要我们教育工作者进行不断的反思和提升，我们需要坚持持续探索适用于学科融合教学的新方法、新策略。只有不断借鉴和分享经验，不断积累和创新，才能真正提高学科融合教学的实践水平，为学生的全面发展和跨学科能力的培养做出更大的贡献。

参考文献

[1] 魏雅莉. 小学英语课堂开展学科融合教学的实践分析 [J]. 校园英语，2022（43）：115-117.

[2] 曹涵. 小学英语课堂中开展学科融合教学的实践分析 [J]. 小学生（下旬刊），2023（2）：19-21.

[3] 张林. 把"要我学"变为"我要学"：新课标下小学英语有效课堂教学实践分析 [J]. 试题与研究，2021，000（12）：1.

［4］李红菲. 基于希沃白板与小学英语融合课堂的实践［J］. 校园英语，2021（31）：135-136.

［5］刘珊珊. 小学英语学科中融合核心素养培养教学分析［J］. 儿童大世界：教学研究，2018（12）：1.

［6］钱晶晶. 小学英语课堂中开展学科融合教学的实践与思考［J］. 中小学外语教学（小学篇），2022（4）：51-58.

［7］王艳. 基于新课标的小学英语教学实践思考［J］. 科学咨询，2020，000（29）：98.

［8］王进. 基于学科核心素养的小学英语单元整体教学分析［J］. 中国多媒体与网络教学学报（下旬刊），2023（3）：134-137.

作者单位：北京第二外国语学院附属中学小学部

全景学习地图：数字赋能小学语文"思辨性阅读与表达"的探索

安利利

摘　要：思辨性阅读与表达任务群作为新课标发展型学习任务群之一，由互相关联的系列学习任务组成。本文基于思辨性阅读与表达任务群设计理念，利用数字化思维进行全景式教学资源统整与规划的结构化学习导航系统，以思维能力发展为主轴设计系列思维学习路径——全景规划："三对"统整，构建数字地图模型；全景体验："复盘"地图，强化数字情境体验；思辨创新："支架"赋能，推进三阶思辨课型。期待该学习系统能促使学生在数字化全景情境体验中，开展思辨性阅读与表达学习活动。

主题词：数字赋能；思辨性阅读与表达；小学语文

一、"三无"——思辨性阅读与表达之困境

统编语文教材编排了诸多培养学生思辨能力的教学文本，便于集中培养学生的思辨能力。据此，笔者随机选取一个班级做了关于"思辨性阅读与表达任务群"教学问卷调查，数据整理如图1、图2、图3所示。

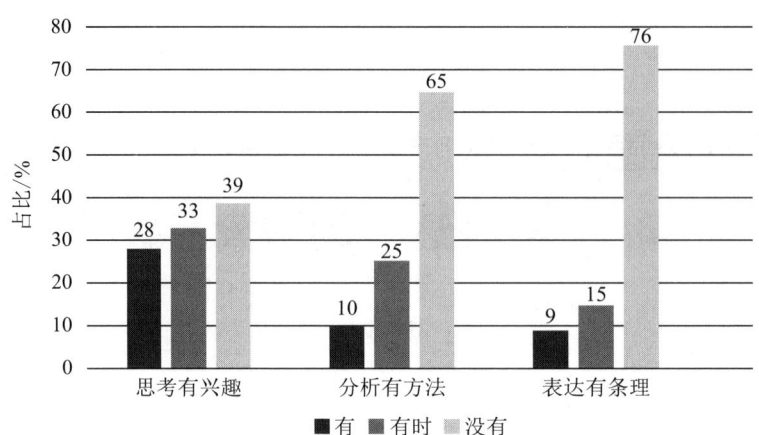

图1 学生思辨性阅读能力调查

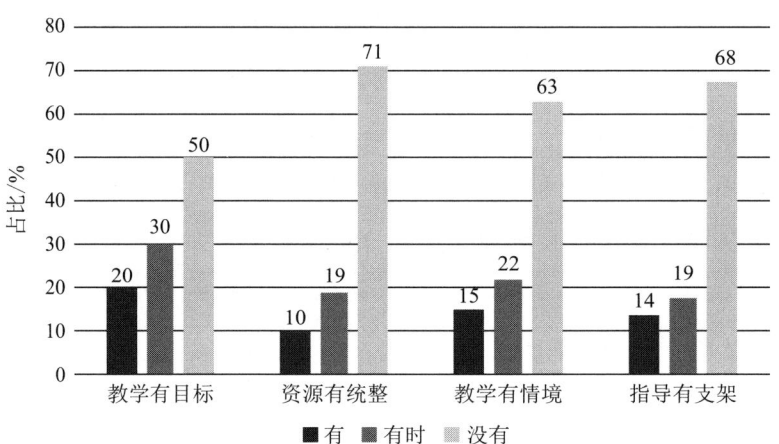

图2 教师思辨性表达教学状况调查

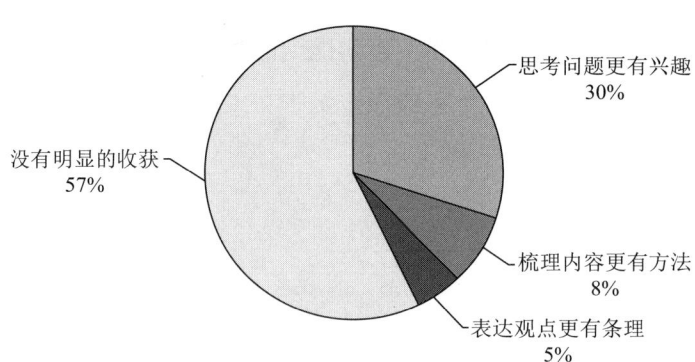

图3 思辨性阅读与表达教学后学生反馈

基于以上数据来审视目前思辨性阅读与表达教学，经过分析，我们发现问题如下所述。

1. 阅读缺乏真实情境，思辨无动力

以思辨能力为指向的阅读教学，缺少真实情境再现，情境创设容易脱离学段目标和教学资源的要素融合。因此，学生学习无法融于情境中，解决不了真实问题，长期处于被提问、被思考的训练模式，缺乏阅读思维的主动性和创造性。

2. 表达缺乏系统架构，思辨无路径

在思辨性表达教学中，面对教材中丰富的文本资源，教师局限于按顺序进行单篇课文之后的习作教学，缺乏统整意识，导致学生的思辨能力在习作中得不到系统的训练，呈现散点化、浅表化的特点。

3. 教学缺乏思维支架，思辨无依托

在引导学生展开思辨阅读与表达的教学过程中，教师时常缺少对学情的切实关注，不能及时为学生提供各类便于思维能力爬坡的支架。因此，作为语文学科关键能力之一的思维能力，在教学中的培养还处于浅尝辄止的局面。

二、"三变"——思辨性阅读与表达之意义

1. 形变：全景学习地图开发，优化学习方式

基于新课标思辨性阅读与表达任务群理念，统整教材中多篇、单元整组、课内课外的关联性资源，开发全景学习地图。将发现学习、自主学习、探究学习、合作学习等思维学习方式应用于地图学习过程中，把教材变成学生学材，真正改变学习形态。

2. 能变：数字化思维赋能，拓展思维空间

以数字化思维赋能全景学习地图教学实施，注重数字化思维空间的拓展与开发，以此提高学生的阅读质量与表达思维能力，并学会在数字化体验情境中迁移运用相关思维解决问题，最终使学科教学走向学科育人。

3. 质变：减量增质重落实，提高思维效能

通过全景学习地图学习过程，使学生能将所使用的思维工具迁移应用于其他思辨性阅读与表达学习任务中，并解决真实问题，也是目前"双减"背景下减量增质、提

高效能，促进每个学生全程生长、美好生长的重要思维路径。

三、"三阶"——思辨性阅读与表达之探索

思辨性阅读与表达任务群作为新课标发展型学习任务群之一，由互相关联的系列学习任务组成。在语文实践活动中，通过阅读、比较、推断、质疑、讨论等方式，梳理观点、事实与材料及其关系；负责任、有中心、有条理、重证据地表达，重在培养学生的理性思维和理性精神。

数字化是以计算机为工具，并以二进制代码为载体，把信息、文字、图像等作为形式的知识表达与传播方式。数字化思维是认知中对事物的条理化分析，如在条理化、树形结构图中，数字化才能更清晰地看出权重值，找到问题关键点。

基于思辨性阅读与表达任务群设计理念，利用数字化思维开发全景式教学资源统整与规划的结构化学习导航系统。它以思维能力发展为主轴设计系列思维学习路径，促使学生在数字化全景情境体验中，开展思辨性阅读与表达学习活动。（如图4所示）

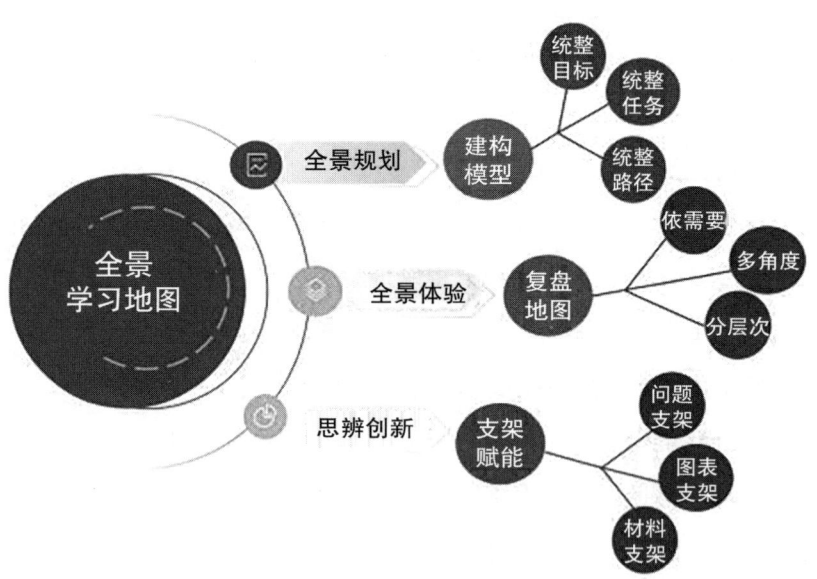

图4 "全景学习地图"操作模型

（一）目标探索

1. 全景地图规划，优化理性思维路径

通过对照课标指向、对应单元板块、对接教学资源，将思辨性阅读与表达任务群通过大单元统整，助力学生"按图索骥"，延伸思维逻辑路径。

2. 数字情境体验，激发理性思维动力

以全景式情境贯穿于学习任务的始终，冲破"为思辨而思辨"的藩篱，强化学生情境体验深度，赋予学生思辨乐趣，提高其思维的主动性、创造性。

3. 三阶课型开发，提升理性思维效能

着眼于学生最近发展区，引入多重支架，开发三阶课型，创新过程指导，延伸学生思维深度、精度、广度，从而助力学生思维能力的螺旋进阶。

（二）全景规划："三对"统整，构建数字地图模型

1. 定标：对照课标指向，统整学习目标

（1）紧扣课标，明晰地图方向

新课标在思辨性阅读与表达任务群的目标设定上，明确体现出学段差异。经梳理与统整，明确任务群在三学段内的目标分层，便于教师形成教学"全景"视域，统整以学习地图为载体的任务群学段目标。

第一学段：重提问，激兴趣。

第二学段：重证据，明观点。

第三学段：重条理，强表达。

（2）对标教材，梳理教材资源

统编语文教材在第一至第三学段循序渐进地编排了能培养学生思辨能力的教学文本，其中包含数个以思辨能力为指向的专题性整组单元。（如图5所示）

学段	思辨性阅读	思辨性表达
第一学段	1.阅读有趣的短文 2.发现、思考日常事物的奇妙	1.大胆提出生活、学习中遇到的问题 2.乐于分享解决问题的办法，说理由
第二学段	1.阅读科学小短文，发现奥秘 2.阅读解决生活问题的故事，学习思考的方法	1.依据事实和细节，表达观点和思考 2.运用列提纲、画思维导图等方式，表达故事中的道理
第三学段	1.阅读中华传统美德、社会公德等方面的短论、简评 2.阅读科学发现、技术发明故事 3.阅读哲人故事、寓言故事、成语故事	1.体会猜想、验证、推理等思维方法，结合事例，学习有理有据地表达观点 2.依托画思维导图等方式，简洁清楚地表述科学家发现、发明的过程

重提问激兴趣 → 重证据明观点 → 重条理强表达

图5 "思辨性阅读与表达任务群"三学段目标要求

在梳理此类单元的基础上，筛选合适的文本加以统整，初步确定以学习地图为载体的任务群教材资源。（如表1、表2所示）

表1 小学语文统编教材思辨性阅读内容一览表（部分）

册次	思辨性阅读内容	课后思考题及语言要素训练要点
一上*	《大还是小》	你什么时候觉得自己很大、很小
一下	《小猴子下山》	小猴子看到了什么，做了什么，最后为什么空手回家
二下	《小马过河》	你同意下面的说法吗？说明理由
三上	《小狗学叫》	故事的几种结局可能如何？说明理由
三下	第二单元整组课文	读寓言故事，明白其中的道理
四上	第二单元整组课文	从不同角度思考，提出问题
四下	第二单元整组课文	提出不懂的问题，尝试解决
五上	《忆读书》	你是否赞同作者的读书方法？说明理由

---

* 一上，即一年级上册的简称。以下册次均为简称。表2、表3均同此。

表2　小学语文统编教材思辨性表达内容一览表（部分）

册次	思辨性表达内容		课后思考题及语文要素训练要点
一上	口语交际	《小兔运南瓜》	思考小兔运南瓜回家的方法。你喜欢哪种方法？为什么
二下	写话	《为什么？》	写下心中藏着的"问号"
三上	习作	《我有一个想法》	针对生活中引人关注的现象或问题，写清楚自己的想法
三下	口语交际	《该不该实行班干部轮流制》	讨论，发言。先表明观点，再说明理由
四上	口语交际	《我们与环境》	围绕话题发表看法，不跑题
四下	口语交际	《朋友相处的秘诀》	小组讨论，说说看法，分类整理小组意见并有条理地汇报
五上	口语交际	《制定班级公约》	讨论后总结共同意见，说明不同意见
五下	习作	《漫画的启示》	写出从两幅漫画中获得的启示
六上	口语交际	《意见不同怎么办》	阐述同一问题的不同看法，把握他人观点，换位思考，以理服人
六上	习作	《学写倡议书》	写一份表明自己建议的倡议书

（3）二者融合，确定学习目标

结合课标与教材，在大单元统整基础上，立足任务群学段目标要求，数字化综合编排思辨性阅读表达任务群学习主题、文本类型等，从而精准设定以学习地图为载体的任务群学习目标。（如图6所示）

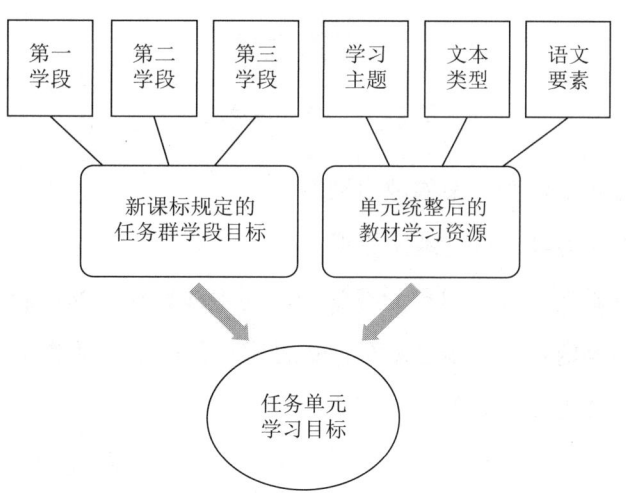

图6　任务群学习目标设定模型

2. 设径：对应单元整组，统整学习路径

（1）依单元目标，设计情境任务

以任务单元的学习目标为基准，创设全景情境任务，帮助学生感受文本语境中思维场域的真实，并在复杂的语用环境中获得真实的体验。

（2）依预期学情，拟定评价标准

依据任务单元的学习目标，数字化开展学习任务的预期学情，以预期学情数据来评价任务达成情况，据此制定相应的评价标准。

（3）依评价标准，设计学习活动

依据任务单元的评价标准，基于教材整组单元，由数字化评价导向，逆向设计相对应的学习活动，囊括阅读、探究、习作、表达等多种活动形式。（如图7所示）

图7 学习路径设计流程

3. 建模：对接数字资源，架构地图模型

（1）以整组单元为经，设计地图雏形

在上述步骤基础上，以整组单元教学资源为主线，整合学习目标、任务情境、评价标准、学习活动等内容，初步绘制全景式思辨任务群学习地图雏形。

（2）以数字资源为纬，完善地图板块

通过课内外数字资源，创设相关课外活动，发散学习路径的脉络，最终形成更为完整、丰富的全景式思辨任务群学习地图模型。如以统编教材六年级下册第五单元课文为蓝本，结合课内外数字资源，进行大单元统整，确立单元目标，建构学习地图模

型。（如图 8 所示）

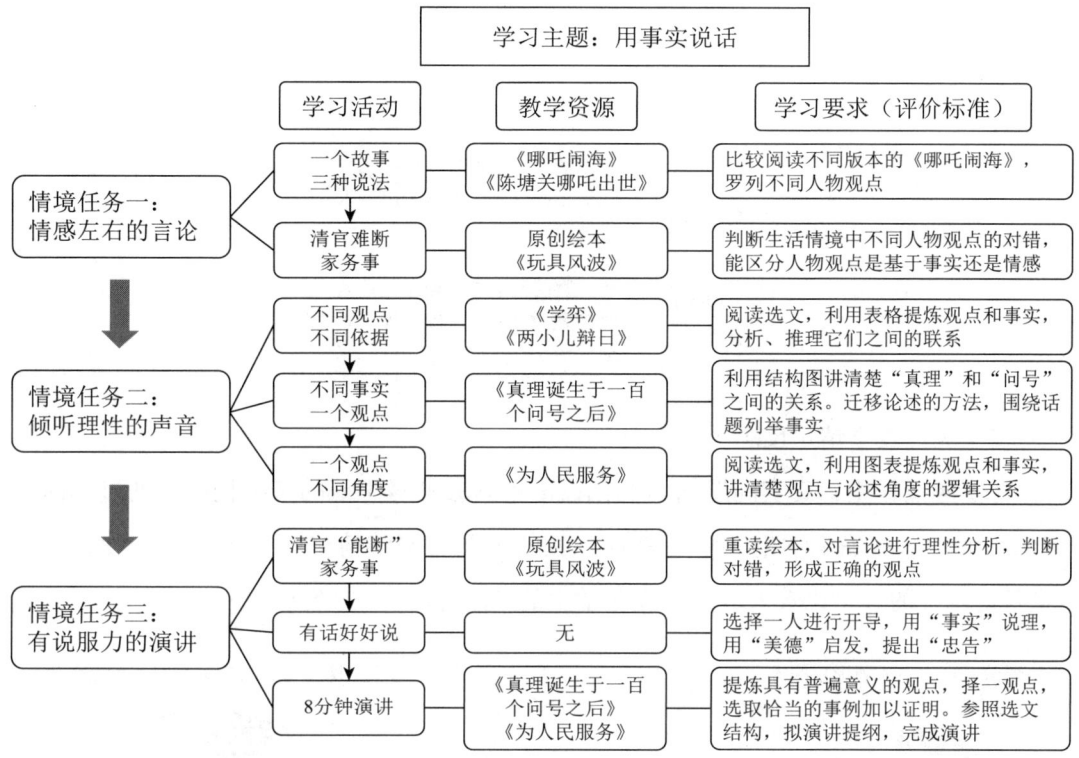

图 8　六下五单元学习地图数字模型示例

（三）全景体验："复盘"地图，强化数字情境体验

学习地图实施活动中，通过复盘式数字情境贯穿，帮助师生把控学习地图全貌，使其在主动打卡学习地图的过程中，实现全景式学教体验。

1. 依需要复盘，创生全景式数字情境

（1）聚焦真问题，回溯沉浸体验

思辨性阅读与表达任务群的学习起点并非教材中适用的相关文本，而是学生在生活中可能遇到的真实问题。基于解决问题的真实需要，不断在数字化回溯中把握细节，学生才能全方位地入情入境，在学习与实践中获得思维能力的提升。（如表 3 所示）

表3 真实情境任务设计示例

相关课文	情境任务
一下第六单元《要下雨了》	"小小气象员":根据小动物们在天气变化时的特殊行为预报天气
三下第二单元整组课文	"小故事大道理":讲故事,从故事中学做人做事,用故事讲道理
五下第六单元整组课文	"智慧的力量":梳理人物应对问题的办法及思维过程,启迪生活

（2）关注真学情,反思个性需求

在实际操作中,真实问题情境的创设离不开教师对学情的精准把控。通过学前数字化测评,精准确定学生的学习基点,教师可及时调整情境与学生的关联度,达到"量身定制"的数字化效果,从而优化学生的情境体验。（如图9所示）

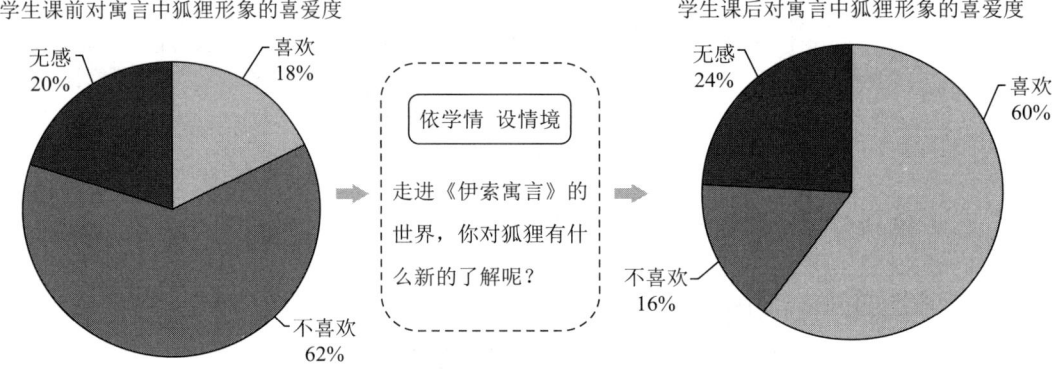

图9 依据真实学情创设数字情境

2. 多角度复盘,创设全景式数字角色

（1）角色扮演,"身临其境"

在真实的问题情境中让学生展开角色扮演,可使其真正意义上获得沉浸式的数字化情感体验,切实感受问题解决的过程,潜在地完成一次思维训练。

（2）角色转换,"移步换景"

同一问题情境,不同角色在不同立场,会产生不同看法。设计时可让学生数字

化体验不同角色，使其通过视角转换，获得更完整深刻的情感体验，提升思辨水平。（如图10所示）

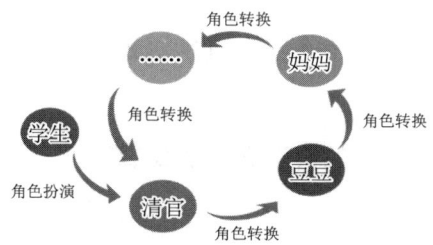

图10 六下五单元学习地图情境角色扮演与转换

3. 分层式复盘，创革全景式数字评价

（1）聚焦过程表现，以评促教

评价不仅要关注学生在问题解决过程中的现场表现，如交流、演讲、辩论等，还要关注现场活动中产生的文字、表格、思维导图等学习成果数据。教师据此及时干预学习进程，通过拆解学习任务、提供学习支架等方式，帮助学生拾级而上。

（2）设置立体评价，以评促学

在学习设计中，可针对学生的过程表现设置立体式数字化评价，展现能力习得的梯度，帮助学生明确优点与不足，明晰思考的有效路径，激励其向更高处攀登。（如图11所示）

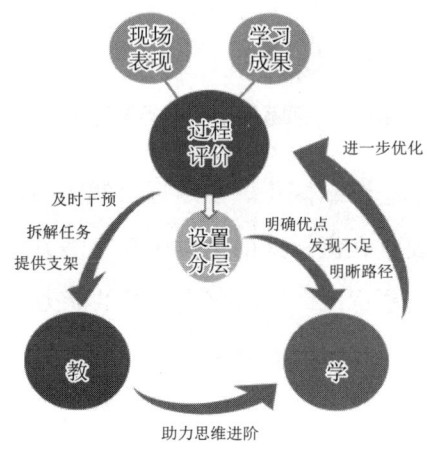

图11 数字化全景式数字化评价模型

（四）思辨创新："支架"赋能，推进三阶思辨课型

思辨性阅读与表达任务群学习内容所依托的教材文本以自然科学类、寓言故事类及科技生活类为主，此三类文本不仅极具思辨特性，且约占教材内容的30%~40%，据此，通过引入思维支架，推进下述三阶思辨课型。

1. 问题支架入门：开发"自然科学类文本课型"

（1）文本特色

浅显有趣，贴近生活（第一学段）。

（2）课型特征

有趣——激发好奇，思维灵活。

（3）学习策略

◎抓不平衡提问，突破思维浅表化。引导学生在读懂自然科学类文本的前提下，从信息、思维、情感、文化等角度的不平衡点出发，主动展开追问、质疑，并在自主发现、解决问题的过程中形成批判性思维，探索大自然的奥秘。（如图12所示）

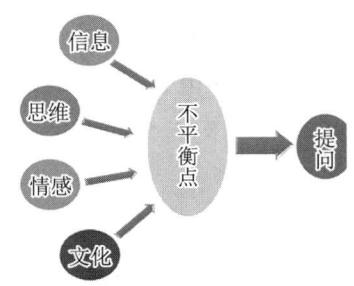

图12 抓不平衡点提问思维路径

◎置身情境提问，实现思维纵深化。在贴近自然生活的情境任务教学中，鼓励学生基于解决真实问题的需要，在沉浸式的情境中自主展开提问和交流，使其能在紧贴学习路径的过程中，形成问题意识，发展解决问题的能力。

2. 图表支架增思：开发"寓言故事类文本课型"

（1）文本特色

短小凝练，深入浅出（第二学段）。

（2）课型特征

有法——按图索骥，思维清晰。

（3）学习策略

◎连点成线，线性支架定纹理。教学时，引导学生运用表格、鱼骨图、树形图等多种线性结构思维工具，提取寓言故事中分散的观点与知识点加以梳理，创建有序的思维路径，助力学生清晰地表达寓言中的道理，培养思维的条理性与概括性。（如图13所示）

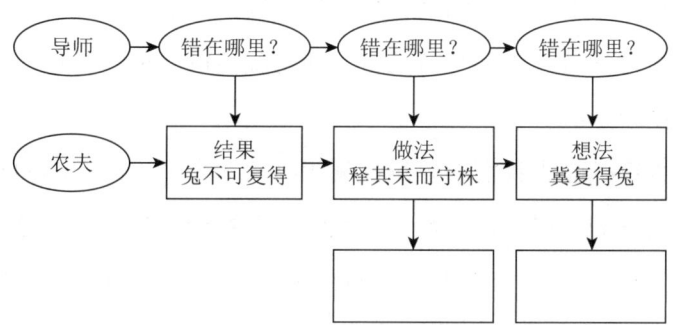

图13 《守株待兔》线性支架思维图示例

◎以线串面，立体支架筑结构。在熟练运用线性结构支架的基础上，进一步引导学生对思维工具进行迭代，通过引入多样化的图表完成支架的升级，使学生能在综合运用各类图表的过程中，突破线性思维的局限，打破单一的表达，形成立体、多面的思维结构，实现思辨再创造。

3. 材料支架畅辨：开发"科技生活类文本课型"

（1）文本特色

科学严谨，启智增慧（第三学段）。

（2）课型特征

有料——旁收博采，思维广阔。

（3）学习策略

◎群文资源，扩大思维背景。通过提供丰富的科技生活类群文资源，拓展学生的认知范围，引导学生在多样化的互文解读过程中，打破个体思维的固化，深化学生的思考。

◎信息搜集，拓宽思维渠道。引导学生学习搜集、选择信息的基本方法，鼓励学生借助现代信息技术，自主搜集、利用、整合科技生活学习资源，通过学习多种思维方法，支持自己的思考和论说。

数字赋能，这一概念在当今社会中扮演着越来越重要的角色。它不仅是技术的进步，更是一种全新的思考方式，为我们的阅读与表达带来了前所未有的可能性。在数字赋能下，我们的阅读方式发生了翻天覆地的变化。数字技术为我们提供了更多的表达手段，推动了思辨性阅读与表达的发展。在数字技术的帮助下，我们可以更加便捷地进行对比、分析、归纳等思维活动，从而提高我们的思辨能力。同时，数字技术还为我们提供了更多的学习资源和交流平台，使得我们可以更容易地与他人进行思想碰撞，激发我们的创新意识。

总的来说，数字赋能为我们的思辨性阅读与表达带来了巨大的便利，使我们能够更好地适应信息时代的发展需求。然而，我们也要看到，数字技术是一把双刃剑，过度依赖它会给我们带来一系列问题，如注意力分散、信息过载等。因此，在享受数字赋能带来的便利的同时，我们也要保持清醒的头脑，正确使用数字技术，发挥其优势，避免其劣势，以实现更好的阅读与表达。

参考文献

[1] 中华人民共和国教育部.义务教育语文课程标准（2022版）[M].北京：北京师范大学出版社，2022.

[2] 刘徽.大概念教学[M].北京：教育科学出版社，2022.

[3] 魏小娜，陈永杰.小学语文"思辨性阅读"教学探析[J]语文建设，2022（8）.

[4] 薛法根.高质量语文学习的三个"度"：思辨性阅读与表达任务群设计评述[J].语文教学通讯，2022（18）：36-38.

[5] 王崧舟，魏星.博学审问 慎思明辨：《义务教育语文课程标准（2022年版）》"思辨性阅读与表达"解读[J].语文教学通讯，2022（30）：8-14.

作者单位：北京第二外国语学院附属中学小学部

校地融合共建设　协同助力促发展

——北二外成都附小北区学校*校地融合发展初探

熊科琴

摘　要：北二外成都附小北区学校高度重视校地融合发展，助力学校提档升级，学校充分利用各级各类平台，引领学校各部门与主管部门、驻地单位、企事业单位充分对接，利用区域内丰富的教育资源，拓宽育人途径，提供教育体验环境，拓展教育服务场所，努力践行着开放办学、包容办学、民主办学、合作办学的理念。

主题词：校地融合；协同；发展

一、校地融合发展的时代背景

（一）新时代教育发展的需要

《中华人民共和国教育法》第四十七条明确规定："企业事业组织、社会团体及其他社会组织和个人，可以通过适当形式，支持学校的建设，参与学校管理。"这为校地融合提供了重要的法律依据。加强校地融合发展，是全面贯彻落实习近平总书记来川视察重要指示精神和中央、省市区委的相关会议精神，全面理解教育强国建设的新部署、新要求、新挑战。新时代要求学校必须主动积极作为，汇集各种有利因素和广泛资源，抢抓新的重大发展机遇，把最基础的战略性资源最大限度地加以开发和利用，以促进学生发展、教师发展、学校发展。

---

*　学校全称为北京第二外国语学院成都附属小学北区学校。

（二）办老百姓身边好学校的需要

办好人民满意的教育，打造市民身边满意的学校，不仅仅是一句口号，更需要切实行动。武侯区教育局提出：要集聚资源丰富教育应用场景，会同多方力量，让武侯区成为全省、全市教育现代化建设的排头兵，各方面优秀人才的聚集区，人人向往就学的理想地。实现这一目标的核心在于提高自主办学创新能力，充分聚合学校与地方、周边的资源优势，激发优势资源发展的动力。

（三）实施名校集团办学战略的需要

学校地处太平寺现代工业谷片区，具有得天独厚的人才、资源和区位优势，该片区也是成都市集团办学发展的重要区域。武侯区委、区政府高度重视该片区发展，根据老百姓的强烈诉求，整合资源升级打造学校，将学校加入北二外成都教育集团，结合华兴街道华灯兴耀工程，全力推动校地融合，促成"以产兴城、以城聚人、以人兴业"的良性循环。区领导到校视察工作时指出："北二外成都附小北区学校加入北二外成都附属教育集团，不能单纯放在教育本身的高度看，应该放在提升区域发展的高度看待。"

二、校地融合发展的主要做法

本着"资源共享、优势互补、突出重点、互惠共赢"原则，北二外成都附小北区学校实事求是，科学谋划推进校地共建。

（一）搭建合作平台，举办"节会活动"

每年学校会举办华苑春晚、华苑艺术节、学校开放日等活动，通过此类活动积极搭建校地融合桥梁，定期举办双入队与双结业活动，适时举行军体运动、科技节等相关活动。开展"我为华兴发展献一策"活动，在公众信息网设置"网络千人建言献策有奖"专栏，广泛吸引社会献计献策。开展"问计学校发展"活动。为推动"借智借脑"常态化，制度性地开放了校级家委会会议、学校行政会、"三重一大"事项专题会等。

（二）找准合作重点，瞄准"两大领域"

一是围绕学校提档升级，推动校地融合良性互动。充分利用各类平台，引领学校各部门与驻地单位对接，利用区域内丰富的教育资源，拓宽育人途径，帮助学校提供教育资源和教育服务场所。与武侯区武装部合作，开展了"兴我中华　强我国防"国防教育主题活动；与水韵园教育实践基地合作，开展了国防教育系列体验活动。学校与北二外本部和集团学校互动，顺应新时代育人要求，紧扣北二外爱国主义教育，提升学校整体育人效益，与集团实现共融、共生、共发展。

二是围绕居民可感变化，促进学校办学环境持续改善。近几年来，武侯区华兴街道、武侯区公园城市局不断加大对学校的支持力度。在硬件上，对校园周边多条道路环境面貌、交通出行与停车秩序进行专项整治，并对学校围墙、校门、上学放学区域等进行了改造；公园城市局持续优化校园周边环境，围绕学校围墙打造了绿化景观带，打造了一条"最美上学路、上班路、回家路"，并沿路安装了健身器材；社区领导现场办公，解决了校门前广告栏的迁移。街道办牵头带领驻地单位密切联系学校，点对点对接解决问题；街道办民生办持续增强"三官一律"在校园专属网格上的配备，邀请法官、检察官、警官、律师、人民调解员等，联动开展法治进校园与校园周边环境安全秩序的专项整治等活动。

（三）拓宽合作路径，注重"四个对接"

一是强化重大活动对接。学校主动作为，主要领导带头加强对接，亲自参与具有代表性和影响力的节庆、会议和活动，广泛凝聚合作共识，引领合作向更广领域、更深层次推进。学校还积极参与社区、街道办、产业园组织的教育活动，促进公益进社区、科技进社区、服务进社区，环保进社区。二是强化与地方部门对接。学校结合全年工作安排分步骤、分批次接待人大代表调研校园、校地现场办公会、友邻单位互访、相关部门教育联席会议。三是强化与社会对接。为推动校地融合，打通校园与园区建设、企业发展之间的接口，构建起"校地"协同育人的大教育共同体。学校与电建、万科、国贸等周边重点企业对接，提升学校硬件建设；与五七〇一、太平寺机场部队、西部战区通信团、南桥社区、太平园家具园区等对接，共建实践教育场所。以校地为导向，通过政策对接、活动互派、定向参与，实现资源向校园集聚。四是强化学校与基层治理对接。在此基础上，进一步打通学校与基层治理之间的接口，搭建政府牵头、学校支持、企业参与的多平台联动。通过构建社会化治理共同体，助力学校加快向更高质量、更高水平迈进。学校"清单化"梳理出企业子女就学、学校办学、学生实践、居民服务等需求，打造"四三零"校地融合课程，并与联盟单位共建图书角、校外实践课堂、社区科普实践基地、公益志愿小分队、文明劝导少年团、寒暑假冬夏令营托管班等共建项目，实现对属地学校、辖区居民、共建单位的精准供给，鼓励形成全员参与社区治理的热潮。

（四）提供合作保障，强化"三大支撑"

一是着力强化组织支撑。学校成立校地融合推进办公室，明确校长牵头，德育、教学、后勤3名干部具体负责抓落实。二是着力强化制度支撑。制定了《北二外成都附小北区学校"四三零课程"实施方案》《北二外成都附小北区学校三年质量提升行动方案》，制定了《北二外成都附小北区学校办学章程》，出台了《关于拓展北二外成都附小北区学校校外实践教育基地的实施意见》。三是着力强化平台支撑。将学校微信公众号推送给辖区居民，成立校地融合宣传联盟，加强信息互通，营造良好氛围。建立北二外成都附小北区学校好家长、学习型家庭、身边好榜样、社区公益达人评选机制，校地共同评选服务华兴街道辖区教育杰出贡献奖和年度人物奖。

三、校地融合发展取得的初步成果

通过扎实的校地融合尝试探索，北二外成都附小北区学校在人力资源、物力资源、财力资源整合上成效显著，形成了校地共创共享共发展的良好局面。

（一）资源共享特色彰显

在"资源共享、优势互补、突出重点、互惠共赢"校地融合治理模式下，学校打破资源壁垒，因需精准投放资源，优化区域资源配置，实现了学校与地方、学校与社会、学校与社区间的资源融合;学校以落实立德树人为目标,纵横搭桥,吸引更多社会力量对教育的理解、关注和支持,实现教育系统内、外资源融通;学校在凝聚、共享、开放各级各类教育教学资源的过程中,逐步打造资源框架体系,建立资源整合机制,以保证资源的系统性、协同性和持续性,实现教育资源整合的融合。通过校地融合机制的有效运行,学校解决了多年悬而未决的诸多遗留问题:协调解决了5年来一直困扰学校的教职工停车难的问题;为保障学生安全,实现了上学放学期间校门前主干道机动车单向通行;改造升级了校门前主干道、人行道路面和交通标识;移栽了校门前影响公共安全的大型行道树等。

(二)多元机制有力保障

一是融合发展机制。学校与地方资源单位建立了融洽的互通机制,把社会资源转化为教育资源,积极争取其对学校各项活动的支持,实现教育资源充分、均衡、科学、有效地开发利用。学校正在推进学校围墙与社区居民小区环境融入式改造;加装电梯提升学校学生餐配送品质并节约人力资源成本;学校临街围墙与街道整体风貌内涵改造;积极争取到了退役军人事务局的资金支持,协助学校开展军事展厅、军事长廊改造等项目。二是互助沟通机制。在进行区域教育资源整合时,会受到意愿、沟通、态度等因素的影响,成员间的有效沟通能够促进彼此间的相互信任,有助于协同开展各项工作。在沟通机制下,学校与各友邻单位建立起平等、尊重和互信的良好工作关系,获取了区域各友邻单位的真实需求,逐步实现区域资源的精准投放。学校通过街道办民生办协作,开展了"四三零"课程,让面塑、车灯(一种曲艺项目)、拉丁舞项目送教进校园;通过与成都大学合作,将心理健康教育与青春期教育整合,开展了课堂教学、课题研究、课程开发等相关合作;与微型消防站共建开展了消防安全、地震安全、交通安全、报警自救等安全教育;与社区合作,利用党群服务中心,学校出器材,社区提供场所,共同打造了服务社区居民与学校师生的实弹射击室等。三是项目管理机制。聚焦校地在发展中的重大问题和主要任务,如创建项目、科技项目、阅读项目和体健项目、非通用语(法语)项目等。在项目化的活动中,积极协同项目相关各方主体,拓展、筛选、整合相关资源,因需、精准、高效使用各级各类资源,满足学生实际需求,协同地方发展。在创建四川省双拥示范区时,武侯区退役军人事务局充分整合利用北二外成都附小北区学校国防教育资源，深化与学校的合作，将北二外成都附小北区学校作为践行"国防教育进课堂，军体训练上操场"的点位学校。南桥社区和学校共建社区居民与学校家长义工团队，共同促进文明城市、文明社区、文明校园创建项目。华兴派出所、街道办城管科、南桥社区联防队与学校共建"爱心护学岗"项目。学校与武侯区七幼和虹桥幼儿园共建共享幼小衔接项目等。

（三）教育治理初见成效

教育作为国家社会管理的重要领域和民生之首，在推进治理体系和治理能力现代化过程中应主动作为，率先突破。校地融合，共抓共建共享。此乃核心价值意义所在。北二外成都附小北区学校教育资源整合的实践探索，拓宽了教育治理的有效路径，并逐步尝试了教育系统内外多元主体共同参与、协商共治、民主对话、多项互动的先进管理形态，真正取得了一定成效，促进了学校的发展。

四、校地融合发展改进方向

校地融合对学校与地方的发展都具有重要意义，但在现存的校地融合实践上，还有改进和提升的空间。

（一）合作层级、方式和水平还可更充分

目前项目决策更多的是以学校自身的发展为导向，与地方经济发展还不够融合；合作形式还处于学校要项目、出思想，地方出钱出资源的项目合作模式；且开展合作以单个项目为主，合作方式零散且没有形成合力，在真正产生重大社会效益、助推学校发展和品牌化效应的项目上还需进一步增强合作。

（二）整合资源还可更充分

目前尝试的校地融合形式，一是以具体的重点项目建设为推动，以点带面驱动发展；二是通过共享机制建设、精准发力等方式为地方提供服务。校地融合实践操作中，各方主体在合作方式、合作领域方面呈现出单频碎片化特点，未形成长效机制。

故，根据发展重点及需求，还可以更好地整合资源。

总之，教育是全社会的事业，是一个系统工程。现有的学校教育，必须是开放的，包容的，接纳的，民主的，合作的。学校需广泛动员企业事业组织、社会团体及其他社会组织和个人的力量，主动作为，提前谋划，整体思考，整合资源，形成同心、同步、同向，全员、全程、全方位的大教育模式。

参考文献

[1] 国务院办公厅.关于深化产教融合的若干意见（国办发〔2017〕95号）[EB/OL].https://www.gov.cn/zhengce/content/2017-12/19/content_5248564.htm.

[2] 韦恩·K.霍伊, 塞西尔·G.米斯克尔.教育管理学：理论研究实践[M].7版.范国睿，译.北京：教育科学出版社，2010.

[3] 郑明轩.教师教育校地资源融合的发展与改进研究[J].扬州教育学院学报，2023，41（4）：81-84.

作者单位：北京第二外国语学院成都附属小学北区学校

学英语会话教学中提问技巧对学生思维与语言能力提升的探析

肖梦涵　李振东

摘　要：本文探讨了小学英语会话教学中提问技巧对提升学生思维及语言能力的重要性：教师在会话教学的导入环节中通过问题连接学生实际生活，或是通过问题引发学生对文本内容的预测；在学习新知环节中，教师通过问题引导学生探究主题意义，通过问题引发学生进行文本补白；在语言操练环节中，教师通过问题提示帮助学生进行语言复述练习和多话轮语言交流活动；在语言综合应用环节中，教师通过问题使学生进行语言综合应用，达到学科育人目的，并通过问题引导学生有逻辑地写短文。

主题词：问题；会话教学；四个环节

一、引言

《义务教育英语课程标准（2022年版）》指出：英语课程要培养学生的核心素养，包括语言能力、文化意识、思维品质和学习能力等。语言能力是核心素养的基础要素，文化意识体现核心素养的价值取向，思维品质反映核心素养的心智特征，学习能力是核心素养发展的关键要素。核心素养的四个方面相互渗透，融合互动，协同发展。

有效提问是指教师所提出的问题能够引发学生的思考或回应，激发学生的参与意识，使学生更积极地参与学习过程。

笔者结合北京版小学英语的教学案例，探讨教师如何在会话教学中通过提问来培养学生的思维能力和语言能力。

二、结合会话教学中的四个环节设计问题，提升学生语言和思维能力

会话教学通常来说一般分为四个环节，即导入、学习新知、语言操练、语言综合应用。下面笔者结合会话教学这四个环节设计问题。

（一）在导入环节中的问题

在导入环节教师通常会以多模态形式呈现与授课话题或是主题有关的信息，教师通过问题引导与学生开展自由谈或是通过问题引导引发学生预测或是猜测，自然地导入文本学习。

1. 师生通过问题进行自由谈，连接学生实际生活

北京版小学英语中的文本内容都是和学生生活息息相关的，都是学生比较熟悉的话题。在导入环节，教师通过问题引导与学生进行自由谈，连接学生生活。贴近学生生活的话题更能激发学生谈话的兴趣，更能激活学生的思维。

如北京版小学英语五年级上册第23课，本课的主要内容是关于职业和职业选择。在导入环节，教师首先播放关于职业的视频，帮助学生了解本课的主题以及与工作有关的词汇，之后通过向学生提问和学生自由谈，激活学生思维。

T: Boys and girls, I am a teacher. I like my job. I enjoy working at school.

What does your father do? Dose he like his job?

What does your mother do? Does she like her job?

What do you want to do in the future?

这样的问题涉及了学生真实的生活，使学生可以说，有的说，能够说，学生的积极性和思维都被这样的问题点燃和激活了，同时，这样的话题语言难度不大，可以促使学生大胆地表达，从而锻炼学生的表达能力。

2. 学生在问题的引导下进行猜测和预测，发展思维和语言能力

在导入环节中，教师可以提出问题，引导学生对对话内容进行猜测或是预测。

学生通过观察标题、图片、关键字等猜测或是预测对话内容，锻炼思维和语言表达能力。

如北京版小学英语六年级上册第9课，本文讲了麦克一家出游，麦克把护照弄丢因此耽误了乘机的事情。

教师借助图片，通过问题引导学生对故事内容进行猜测，激活学生思维，激发学生学习兴趣，锻炼语言。

  T: Boys and girls, look at the first picture. Mike and his family were very happy. But Please look at the last picture. Mike's father was not happy.

  T: Guess what happened to them?

学生依据图片内容进行猜测，并进行表达。通过猜测，学生调动了思维，练习了语言。

（二）学习新知过程中，提出探究性问题，发展学生的思维和语言能力

1. 通过问题引导学生探究主题意义

在学习新知的过程中，学生要理解文本大意，获取语言知识和文化知识，但这些都是表层信息，属于知道、记忆、理解的范畴。在学习新知的过程中，学生除了要学习文本对话表层的知识外，还要探究隐藏在对话文本表层下面的主题意义。

《义务教育英语课程标准（2022年版）》指出，英语课程具有重要的育人功能，旨在发展学生的语言能力、文化意识、思维品质和学习能力等英语学科素养，落实立德树人根本任务；并进一步指出，学生对主题意义的探究应是学生学习语言的重要内容，英语课程应该把对主题意义的探究视为教和学的核心任务。

学生对主题意义的探究是学生学习语言最重要的内容，直接影响学生对语篇理解的程度、思维发展的水平和语言学习的成效。

如北京版小学英语四年级上第3课，通过文本分析，我们知道本课的主题意义是，要学会使用一定的语言对他人表达同情和关心，并给予他人自己的关怀和帮助。

  T: Boys and girls, we have finished the conversation.

  T: What do you think of Yangyang and Lingling?

  T: What do you learn from the conversation?

学生们在小组内阐述自己的观点和自己的理由，教师在小组间巡视，学生可以向教师请教自己不会表达的语言，多数学生问的词是"sympathetic，comfort"。

T: Boys and girls, please tell me your opinions and reasons.

S1: I think Yangyang is very helpful because she wants to look for the cat with Yangyang. Lingling is very kind because Yangyang's mum is ill. She comforts him.

S2: I think Yangyang and Lingling are very kind and helpful. Because they comfort each other.

S3: I think they are very sympathetic and they comfort each other.

T: What can we learn from them?

S1: We should be kind and helpful like them.

S2: We should be sympathetic and learn to comfort when people are sad and worried.

教师通过问题来引导学生，促使学生依据文本语篇中的信息，分析评价人物，自主探究本课的主题意义。学生分析并评价人物的过程，锻炼了学生的思维和语言能力。

2. 通过问题引导学生进行补白

小学英语教材图文并茂，色彩鲜艳，插图与单元主题内容相匹配，且形象、直观。这些插图在服务教材、依赖文本的同时，又具有一定的独立性，能传递额外信息，给读者留下很多留白和想象空间。

学生通过补白，可以使对话文本的语篇完整，使其更加贴近学生的日常生活，更加符合学生的认知水平，能够提高学生的积极性，因此真实的语言和真实的话题更能引起学生的兴趣，调动学生学习的积极性和学习动机。

如北京版小学英语五年级下册第3课，本课主要内容是 Baobao 和她的朋友观看 Baobao 祖父过生日的照片。本课有两幅主题图，其中一幅主题图是全家人给祖父过生日，但第二幅图中只有 Baobao 父母给蛋糕插蜡烛。那其他家人在干什么呢？他们在为祖父的生日做什么呢？这就给老师和学生留下了很大的想象空间。

T: Boys and girls, they are having a birthday party for Baobao's grandpa and his parents are putting candles on the cake.

T: Please use your imagination to guess what else are other people doing?

学生以小组为单位，进行想象和猜测，并在组内进行交流和表达。

S1: Maybe, his uncle is cooking them a big dinner in the kitchen.

S2: Maybe, his aunt is setting a table.

S3: Maybe, Baobao is talking to his grandpa.

再如，北京版小学英语三年级上册第 10 课，本课的主要内容是 Lingling 和她的父亲谈论她父亲和她奶奶的生日时间。本课有两幅主题图，第一幅图是 Lingling 询问父亲的生日日期以及表达出给父亲做蛋糕的想法。第二幅主题图中，出现了一幅全家福，但 Lingling 只是询问了奶奶的生日。全家福中出现了很多人员，那其他人员的出生日期是哪一天？Lingling 会给其他人包括奶奶准备什么生日礼物？因此可见第二幅主题图中出现的全家福也留下了许多空白。

T: You have already known when Lingling's father and her grandma's birthdays are. You also have known she will make a cake for her father.

T: First of all, please use your imagination to guess what Lingling will make for her grandma?

T: Second of all, Please use your imagination to guess when her grandpa and her mum's birthdays are?

学生在小组内通过想象和猜测，然后进行表达。

S1: Maybe, she will cook some noodles for her grandma.

S2: Maybe, her mum was born on...

S3: Maybe she will make some paper flowers for her mum.

学生通过观看图片进行想象，通过想象补白的过程锻炼学生思维和提升学生的语言能力。

程晓堂认为："语言总是在一定的情境中使用，如果学生能够在相对完整的真实的情境中接触、体验、理解和学习语言。那他们就能更好地理解语言的意义和用法，更好地掌握语言，提升语言运用能力。"在小学英语教材中，文本内容篇幅比较短，有些对话内容不太符合实际情境中的发生情况，教师在分析文本内容时要善于发现这样的留白，并设计活动让学生进行补白。

如北京版小学英语四年级下册第 25 课，本课的内容是 Maomao 因为忘记了遛狗，小狗在家里撒尿把地板弄脏了，同时 Maomao 不小心把花瓶打碎了。对话中，Maomao 母亲看到 Maomao 忘记遛狗而把家里弄脏没有生气，同时主题图中 Maomao 自己用手捡拾花瓶碎片，这样的事情非常危险，但 Maomao 母亲却没有说出任何语言进行制止。由此可见这处对话，有两处留白：第一，母亲面对家里发生的情况，没有生气和责备的语言。第二，母亲看到自己的孩子用手去捡拾花瓶碎片时，也没有制止。这样的情况与现实生活有所不符，因此，教师可以联系生活实际，对文本内容做进一步的拓展和完善。

  T: Boys and girls, Maomao forgot to walk his dog and his dog wet the floor. It is a little dirty. Guess how his mum felt?

  S1: His mum must be very angry.

  S2: His mum must ask him to clean up the floor.

  T: Good, now please have a role play according to your added information.

教师要求学生依据他们自己的想法，重新补全文本内容，然后进行角色表演。

（三）以问题为语言支架，辅助学生进行语言操练

1. 复述

复述是一种非常常见的语言操练活动，通常来说复述形式是关键字／问题＋图片，辅助学生进行语言复述操练。

如北京版小学英语四年级上第3课，教师通过问题引导学生对文本故事进行概述，操练语言。

2. 多话轮交流活动

在语言操练活动中，采访是一种经常使用的活动。采访的内容一定要与学生实际生活相关联，这样才更容易引起学生彼此间的谈话兴趣和共鸣。

如北京版小学英语版六年级上第21课，本课主要讲的是麦克向爷爷讲述自己外出旅行的经历。

在语言操练环节中，教师为了使采访交流活动更加贴近真实生活，从实际外出旅行的角度提出了若干问题，学生在问题的引导下进行采访和交流。

  T: Boys and girls, look at the picture. Please interview your partners with these questions.

Q1: Where did you go this summer holiday?

Q2: How did you go there?

Q3: What did you eat?

Q4: What did you see?

Q5: What did you buy?

Q6: How did you feel?

学生基于这些问题彼此进行采访，同时教师也给学生空间，鼓励学生问更多的有关问题。

（四）以问题为引导，在新的情境中应用语言锻炼学生思维

1. 创设新情境

教师要以本课的主题意义为方向，创设新的情境，教师通过问题设置新的任务。学生在新的语境中，基于新的知识结构，通过自主、合作、探究的学习方式，综合运用语言技能，进行多元思维，创造性地解决陌生情境中的问题，理性表达观点、情感和态度，培养正确的价值观，实现深度学习，促进能力向素养的转化。

如北京版小学英语四年级上册第3课，本课的主题意义在于引导学生用正确的方法排解不良情绪。本节课最后的语言综合运用活动，是教师通过问题引导，让学生表达自己如何排解不良情绪。

T: Boys and girls, I know you are unhappy sometimes. You are upset sometimes. You are angry sometimes.

T: Can you tell me when you are... what do you like to do to make yourself happy? But please think about the things you like to do must be healthy.

这个问题情境非常真实，与学生的生活息息相关。学生非常积极和踊跃地进行了交流。在学生们交流完后，教师进行总结。

S1: When I am sad, I like to watch TV and I like to watch ball games.

S2: When I am angry, I like to eat chips and I feel happy.

S3: When I am upset, I like to sleep. Sleeping makes me happy.

有些语言程度好的学生，通过这个活动，对自己原来的行为进行了辨析和批判，将课堂教学推向了高潮。

S: In the past, when I was sad, I like to play computer games and forgot to do homework, it is not good for me. I should do healthy things to make me happy.

在问题的引导下，学生的话都发自内心。这样的活动设计增强了学生的体验感，发展了学生的创造性，学生在不知不觉中接受学科育德教育，避免了空喊口语贴标签。

2. 读问题，写短文

《义务教育英语课程标准（2022版）》对小学阶段的写作要求包括：能够根据图片、词语或是例句的提示，写出简单的语句。

"写"是非常重要的一个技能，在实际教学中，很多学生在写作中都会出现语法、拼写或是逻辑顺序的问题。因此，在实际教学中，教师要重视学生用英语"写"的技能训练。

如北京版小学英语三年级下册第6课，本课教师最后要求学生写一篇短文介绍自己喜爱的物品。教师列出了一些问题，引导学生回答，帮助学生有逻辑性地进行描写。

T: Boys and girls, now please look at the topic "My favorite gift".

T: First of all, read these questions and then start to write.

Q1: What is your favorite gift?

Q2: What color is it?

Q3: What shape is it?

Q4: Where is it from?

Q5: Why do you like it best?

学生阅读这些问题，并做出回答，通过回答这些问题，学生也就完成了一篇结构合理的短文。

这是一篇学生的范文：

My favorite gift is my school bag. It is very cute. It is pink and yellow. It is a rectangle. There are some flowers on it. It is from my mum. I like it best because it is a birthday gift.

三、结束语

课堂提问是教师互动的重要途径。有效的提问不仅可以激发和保持学生的学习兴趣，激活学生的思维，引导学生关注学习内容，使用特定的语言结构，而且能够培养学生分析问题和解决问题的能力，以及逻辑思维能力、想象力和创造力。教师要在课堂教学中好好设计问题，利用好课堂提问，设计出可以激发学生思考、促使学生积极使用语言表达的好问题。

参考文献

[1] 程晓堂.英语学习对学生思维能力的作用[J].课程·教材·教法，2015（6）：73-79.

[2] 中华人民共和国教育部.义务教育英语课程标准（2022年版）[M].北京：北京师范大学出版社，2022.

作者单位：北京第二外国语学院附属小学定福分校

第三部分
幼儿园学段

东西方教育方法对比研究

李芯仪　裴露曦　邱维宁

摘　要：本文旨在探讨中西方教育系统的基本理念、教育策略和教学成果之间的差异和联系。通过分析两种教育体系在教师角色、教学方法、课程内容和学生评估方面的对比，揭示各自的优势与局限。传统的中方教育更多强调基础知识的积累和集体主义精神，而西方教育更多侧重于批判性思维和个人主义发展。研究发现，虽然每种教育体系都有其独特的优点，但两者的融合会为全球教育实践带来更加全面和均衡的发展。

主题词：中西方教育；教育方法；教师角色

一、引言

（一）研究背景

在全球化的背景下，教育体系和其成效的国际比较越来越受到重视。中西方教育体系，作为两种教育模式，一直是比较教育学研究的热点。中方教育，根植于儒家文化的价值观，强调硬功夫和基础教育的重要性，以及集体主义和社会责任感。西方教育则更多强调个人主义和创新精神，倡导学生的独立思考和问题解决能力。随着经济全球化和文化多元化的发展，这两种教育体系的特点和效果如何适应新的社会经济需求，是当前教育研究领域中的一个重要课题。

（二）研究目的和意义

本研究旨在分析和对比中西方教育体系的教学理念、策略和成果，探索两者在不同教育环境下的适应性和优势，以及可能存在的局限性。通过这一比较，希望能够为教育实践者提供有价值的参考，促进教育方法的创新与改进。此外，本研究还旨在探讨中西教育体系融合的可能性，以及如何在保持各自文化特色的同时，促进教育的全球合作和发展。在当前国际竞争日益激烈的背景下，优化教育体系，培养具有全球视野和创新能力的学生，是提升国家竞争力的关键。通过对中西教育方法的比较与分析，本研究将为这一目标的实现提供理论和实践上的支持。

二、中西方教育体系的基本理念

（一）中国教育的集体主义精神

中国教育体系深受儒家思想的影响，儒家教育理念强调"仁爱"和"礼仪"，倡导集体利益高于个人利益。这种集体主义精神体现在教育实践中，强调学生必须遵守社会规范和集体准则。在教室内，学生被教育要听从教师的指导，与同学和谐相处，这不仅是为了个人学习的需要，更是为了维护班级和学校的整体秩序。

在课堂教学中，中国传统教育倾向于集体教学模式，强调基础知识的积累和应试能力的培养。教师通常使用传统的讲授法，学生则在较为被动的环境中接受知识。这种模式有助于快速有效地提高学生在标准化考试中的表现，而这些考试往往是学生未来教育和职业生涯中非常关键的一环。

（二）西方教育的个人主义倾向

相比之下，西方教育体系更加强调个人主义和自我表达。启蒙运动以来，西方教育理念逐渐倡导"每个学生是独一无二的"这一观点。在教育实践中，这种理念转化为对学生个性的尊重和培养，鼓励学生发展自我认识和独立思考的能力。例如，西方学校常常允许学生在一定范围内选择课程，以适应不同学生的兴趣和职业规划。

课堂教学方法也更为多样化，常见的教学方式包括讨论、研究性学习和项目式学习等，这些方法旨在培养学生的批判性思维、创造力和解决问题的能力。教师在这一过程中扮演的是指导者和协助者的角色，而非单纯的知识传授者。这种教育模式强调学生的主动学习和个性发展,培养学生成为具有创新精神和自主能力的社会成员。

中国传统教育与西方教育各有特色,反映了各自文化和社会价值观的差异。中国模式强调社会整体性和秩序感,而西方模式更重视个体发展和创新能力。这两种教育理念的对比不仅有助于我们理解不同文化背景下的教育实践,也为全球教育交流与合作提供了丰富的视角和实践基础。

三、教师角色和教学策略的差异

(一)中国教师的权威与引导角色

在中国的教育体系中,教师通常扮演着权威和引导者的双重角色。这种角色的定位根植于中国深厚的儒家文化传统,其中师道尊严和尊师重教的观念占据核心地位。在课堂上,教师不仅是知识的传授者,更是道德和行为规范的塑造者。

在传统的中国教室中,教师的权威地位非常显著。教师决定教学内容、控制课堂节奏,并在学生中施行严格的纪律管理。这种模式强调教师作为知识权威的角色,学生则主要是被动的接受者。研究表明,这种权威性可以在短时间内有效地提高学生的基础学科如数学和科学的学习成绩。

尽管教师在课堂上具有较高的权威,但他们也在逐渐扮演更多的引导者角色。特别是在新课程改革中,教师被鼓励采用更多启发式和探究式的教学方法。这种方法要求教师不仅传授知识,还要引导学生如何思考问题、如何独立解决问题。在这个过程中,教师更多地通过问题设置、讨论引导和个性化反馈,来激发学生的学习兴趣和批判性思维能力。

中国教育体系中的教师也承担着学生品德和社会责任感培养的重任。这种角色不仅限于学术教学,还包括对学生的全面人格和公民意识的塑造。例如,德育(品德教育)是中国学校教育的重要组成部分,教师在这一过程中发挥着核心作用。

中国教师的角色具有多重性,既保持传统的权威性,又在现代教育理念的影响下,不断转变为引导者和激励者。这种角色的转变反映了中国教育体系在适应社会发展和国际化需求中的努力和变化。

（二）西方教师的引导与合作角色

在西方教育体系中，教师的角色更倾向于成为学习的引导者和合作者，这与东方传统教育中教师的传统权威角色形成鲜明对比。西方教育强调学生中心的教学方法，目的是培养学生的独立思考能力、创新能力和解决问题的能力。

西方教师通常采取更多的引导而非直接教授的方式，这意味着教师在教学过程中更多地扮演协助者和指导者的角色。这种教学策略鼓励学生主动探索和构建自己的知识体系，教师通过设置问题情境、提供资源和讨论机会来促进学生的学习。例如，在项目式学习或基于问题的学习（PBL）中，教师设计实际问题，让学生在解决问题的过程中学习相关知识，教师的角色更多是提供指导和反馈。

西方的教育实践中，教师与学生之间的关系更为平等，教师鼓励学生表达自己的见解，并与同学进行协作。在这种模式下，课堂不再是教师单向传授知识的场所，而是一个互动和交流的学习社区。教师和学生一起探讨问题，共同寻找解决方案，这种合作学习可以增强学生的社交技能和团队协作能力。

许多教育研究表明，引导与合作的教学方法能有效提高学生的批判性思维和创造力。例如，约翰·杜威的"学习做中学"理念就强调通过实践活动和反思来促进深度学习。维果茨基的社会文化理论也支持这种教学策略，其理论认为学习是一个社会互动过程，教师的角色是帮助学生进入更高的认知水平。

西方教师的引导与合作角色强调学生的主动性和教育的互动性。这种教学方法不仅帮助学生掌握学术知识，更重要的是培养了他们的综合素质和终身学习的能力。这种教育模式在全球化和知识经济的背景下显示出其独特的优势和适应性。

四、课程内容与教学方法的比较

（一）中国教育的知识传授和应试教育

中国教育系统中，课程内容和教学方法传统上偏向于知识传授和应试教育，强调将考试成绩作为衡量学生学业成就和未来机会的主要标准。

在中国的教育体系中，教师通常扮演知识的权威传递者的角色，课堂教学侧重于知识点的讲解和记忆。课程内容往往围绕教科书和标准化考试的要求来设计，教师主要使用讲授法，学生则通过听课、记笔记和复习来吸收和掌握知识。这种方法强调基础知识的全面性和系统性，目的是确保学生能够在考试中获得高分。

应试教育是中国教育的一个显著的特点，特别是在中学阶段，为了应对中考和高考的严格要求，学校和家庭常常将重点放在提高学生的考试技巧和成绩上。课程内容和教学活动常常是围绕过去的考试题目和可能出现的新题型进行设计和练习。这种教学方法导致学生在备考过程中花费大量时间进行机械记忆和题海战术。

中国的教学方法传统上更侧重于以教师为中心，课堂互动较少，学生的主动参与和创造性思考的机会相对有限。虽然近年来教育改革推广了更多的学生参与和互动教学方法，如合作学习和探究式学习，但在大多数学校，传统的讲授法和应试导向仍占主导地位。

尽管知识传授和应试教育在短期内能够提高学生的考试成绩，帮助学生通过竞争激烈的升学考试，但这种教育模式也面临着诸多批评。主要的批评包括限制了学生的创新能力和批判性思维的发展，以及可能导致的学生心理压力和创造力的抑制。中国的教育模式在确保学生具备扎实的基础知识和应对高压考试中显示出其效率，但同时也需要进一步改革和创新，以促进学生全面能力的发展。

（二）西方教育的探究学习和批判性思维培养

西方教育系统普遍强调探究学习和批判性思维的培养，旨在使学生能够独立思考、解决问题并持续学习。这种教育方法鼓励学生通过主动探索和问题解决来获取知识，促进学生的全面发展。

探究学习是一种以学生为中心的教学方法，它鼓励学生提出问题，进行探索和研究，以解决真实世界的问题。教师在这个过程中扮演的是引导者的角色，提供必要的资源，帮助学生构建知识框架，并指导他们如何有效地使用科学方法或批判性思考来分析问题。例如，在生物课上，学生可能会探究本地生态系统的变化，而非仅仅从书本上学习生态理论。

批判性思维是西方教育中尤为重视的一部分，它涉及分析、评估和综合信息的能力，以形成独立的见解。在教学中，教师鼓励学生挑战常规知识，分析不同的观点，并在此基础上形成自己的理解和答案。课堂上的讨论、辩论和案例分析都是培养学生批判性思维的常用方法。

西方的教学方法倾向于强调学生的主动参与和自我表达。课堂设计通常更加灵活和开放，允许学生通过小组合作、项目制作、实验探究等多样的方式参与学习。这种教学方式不仅限于知识的传递，更重视技能的培养，如独立思考、沟通能力和团队协作。

虽然探究学习和批判性思维的培养在理论上被广泛推崇，但其实施过程也面临一定的挑战。例如，需要教师具备更高水平的教育能力和灵活应对的策略，学校需要提供支持性的教育环境和资源。这种教育方法要求学生具有较高的自我驱动力和学习动机，对于背景和能力水平不同的学生，教师需要进行适当的方法调整并给予不同的支持。

西方教育的探究学习和批判性思维培养为学生提供了一个更为动态和互动的学习环境，不仅有助于增强他们对知识的理解，更为他们的未来学习和职业发展奠定了坚实的基础。这种教育方法通过激发学生的好奇心和创造力，促使他们成为终身学习者和有效的问题解决者。

五、教育成果的社会文化影响

教育是塑造社会价值观和促进职业发展的关键因素。它不仅影响个人的知识和技能水平，还深刻影响社会结构、文化传承和经济发展。以下是教育对社会价值观和职业发展的影响分析。

（一）教育对社会价值观的影响

教育是价值观传承和塑造的重要途径。通过教育，社会能够向年轻一代传递其核心价值观和文化标准，包括公正、尊重、责任感等。例如，通过公民教育和道德教育，学校教育帮助学生形成对社会正义和道德行为的理解。

在多元化社会中，教育扮演着促进文化理解和包容的角色。多元文化教育鼓励学生了解和尊重不同的文化背景，促进社会的和谐。这种教育方式有助于减少文化冲突，增强社会的凝聚力。

教育系统及其内容常常反映出社会的主流价值观和当前的社会动态。例如，在经济全球化和科技快速发展的背景下，创新和终身学习的重要性被强调，这影响了教育体系对相关技能和知识的重视。

（二）教育对职业发展的影响

教育系统通过提供相关的知识和技能培训，直接影响劳动力市场的结构和发展。教育成果与职业技能的匹配程度高，可以促进经济的高效运行和增长。例如，STEM（科学、技术、工程和数学）教育的推广应对了现代社会对高科技和工程技术人才的需求。

教育水平往往与个人的职业机会和晋升潜力密切相关。较高的教育水平通常开启更多的职业路径，并可能带来更高的收入和社会地位。

教育还影响人们的职业观念和工作态度。教育过程中不仅传授专业知识，还培养如团队协作、领导力和责任感等职业态度。这些能力和态度对于现代职场尤为重要，影响着个人的职业成就和职场适应性。

六、结论

中国教育体系的优势在于其强调基础教育和学科知识的系统性学习。这种教育方式使得学生在数学、科学等学科上表现出色，具备良好的学习习惯和纪律性。集体主义的教育环境培养了学生的团队合作精神和社会责任感。但过度的应试教育可能抑制学生的创造力和批判性思维能力。教育内容的僵化和对考试成绩的过分依赖限制了学生对知识的深入理解和应用。

西方教育体系以其培养创新和独立思考能力而闻名。学生中心的教学方法和批判性思维的强调为学生提供了一个更为灵活和动态的学习环境，有利于个人能力和创新精神的发展。虽然西方教育鼓励学生自由探索和表达，但这种教育模式可能需要更多的资源支持，并且在确保所有学生均衡发展方面面临挑战。此外，较少的标准化考试可能导致评估学生学业成就的标准不一，难以在全国或国际范围内进行比较。

未来的教育发展可以考虑将中西方教育的优势进行融合。例如，结合西方的探究式学习和批判性思维培养与中国的系统性知识教育和集体主义价值。通过这种融合，可以创建一个更全面的教育模式，既强调基础知识的学习，也鼓励学生的创新和个性发展。

参考文献

[1] 张昊雷，雷喻丹.东西方教育思想对比研究：以《礼记》和《理想国》为中心[J].和田师范专科学校学报，2023，42（1）：32-38.

[2] 李凤营，冯丽.教育文化视域下学习科学的研究趋势[J].教育科学，2022，38（1）：81-86.

[3] 孙海力.东西方艺术教育理念的比较和论述：阐释当下美术院校教学的当代性[J].当代美术家，2020（3）：64-69.

[4] 言吾.教育之本真就是对话[J].支部建设，2020（6）：55.

[5] 韩娜.东西方审美情趣在美术教育中的融合[J].陕西教育（高教），2019（7）：79-80.

[6] ZHANG Y.A comparative study of the metaphorical thinking in eastern and western educational writings：based on a comparison of record on the subject of education and great didactic of comenius[J].Cross-Cultural Communication，2014，10（6）：96-100.

[7] HINKE B.A challenge：confrontation or encounter between the educational systems of east and west?[J].European Education，2014，23（3）：74-96.

作者单位：北京第二外国语学院成都附属幼儿园

中国式学前教育现代化爱国主义教育活动探究实践

王 邈

摘　要：幼儿是祖国的未来，是中华民族的希望。在中国式学前教育现代化的背景下，幼儿园应做到：坚持"中国立场"，立足国家战略发展需要，全面贯彻党的教育方针，回应"培养什么人、怎样培养人、为谁培养人"的重大命题，落实立德树人根本任务，厚植爱国主义情怀；坚持"儿童立场"，树立科学保教理念"相信每一个儿童都是积极主动、有能力的学习者"，开展符合幼儿身心发展的爱国主义教育活动；坚持"园本立场"，高质量地利用自然、社会等文化资源，因地制宜创设游戏环境，提供丰富适宜的游戏材料，激发幼儿的学习兴趣，将爱国主义教育潜移默化融入幼儿一日生活，培养德智体美劳全面发展的新时代好儿童。

主题词：中国式学前教育现代化；爱国主义教育；园本课程

人的现代化是中国式现代化的核心。习近平总书记在中共中央政治局第五次集体学习时强调，要坚持把高质量发展作为各级各类教育的生命线，加快建设高质量教育体系。建设教育强国，基点在基础教育。[1]学前教育是国民教育体系的基础，是学校教育和终身教育的奠基阶段，幼儿园既是幼儿知识的启蒙者，更是幼儿价值观的塑造者，通过中国特色的保育教育高质量育人模式，培养幼儿未来成长为担当民族复兴大任的时代新人。

一、中国式学前教育现代化的爱国主义教育活动

（一）什么是中国式学前教育现代化

中国共产党第二十届中央委员会第三次全体会议审议通过的《中共中央关于进一步全面深化改革、推进中国式现代化的决定》提出，中国式现代化是物质文明和精神文明相协调的现代化。必须增强文化自信，发展社会主义先进文化，弘扬革命文化，传承中华优秀传统文化，加快适应信息技术迅猛发展新形势，培育形成规模宏大的优秀文化人才队伍，激发全民族文化创新创造活力。[2]建设教育强国重点在基础教育。学前教育必须坚持社会主义办学方向，坚持党对教育事业的全面领导，牢记为党育人、为国育才、为实现中华民族伟大复兴中国梦输送后备军的使命。秉持"中国立场"的办园理念，以制度文化、环境文化为保障，形成中国特色现代化园本课程体系。关注"人"的成长，培养新质生产力"人"的创新性发展，坚持多方协同育人，守正创新，坚定文化自信，积极传承中华民族的优秀传统文化和红色基因，坚定不移培养社会主义建设者和接班人，以学前教育筑梦教育强国，以高质量教育建设服务中国式现代化。

（二）学前阶段爱国主义教育活动

弘扬爱国主义精神要从少年儿童抓起，要把爱国主义贯穿教育和精神文明建设全过程。[3]《中华人民共和国爱国主义教育法》提出，爱国主义教育应当高举中国特色社会主义伟大旗帜，坚持以马克思列宁主义、毛泽东思想、邓小平理论、"三个代表"重要思想、科学发展观、习近平新时代中国特色社会主义思想为指导，坚持爱国和爱党、爱社会主义相统一，以维护国家统一和民族团结为着力点，把全面建成社会主义现代化强国、实现中华民族伟大复兴作为鲜明主题。[4]爱国主义教育是落实教育政策的重要路径。学前教育阶段爱国主义教育的开展始终秉承"把红色资源利用好、把红色传统发扬好、把红色基因传承好"的理念，将爱国主义教育用孩子们喜闻乐见的形式深耕厚植，让红色种子"生"在孩童心田中，"活"在幼儿教育里，持续性融入幼

儿成长过程中。

（三）学前阶段爱国主义教育园本课程内容

学前教育阶段应充分发挥园本课程教育主渠道作用，培养幼儿爱集体、爱家乡、爱党爱国的情感，推动爱国主义教育入脑入心。结合北京第二外国语学院幼儿园（以下简称二外幼儿园）教育活动研究，总结学前教育阶段爱国主义教育园本课程类别（见表1），并列举非遗传承探究的内容（见表2）。

表1 中国式学前教育现代化爱国主义教育园本课程内容类别表

爱国主义教育园本课程内容			
社会主义核心价值观	爱党爱国	中华优秀传统文化	非遗
生态文明	国家安全和国防	民族团结	科技创新能力
时事	爱家乡爱集体	礼仪文明	自我成长

表2 中国式学前教育现代化爱国主义教育园本课程内容——非遗传承探究

爱国主义教育园本课程——非遗传承探究内容		
民俗文化（传统节日）	博物馆的宝贝	书法（甲骨文、篆书百家姓）
二十四节气	北京中轴线	传统体育游戏
民族服饰	民族舞蹈	地域美食
民间艺术	民族歌曲、歌谣	民族乐器
京剧赏析	昆曲赏析	中草药
扎染	皮影戏	青花瓷
剪纸	制茶	漆扇

（四）学前阶段爱国主义教育活动的探究形式

坚持"幼儿立场"开展符合幼儿身心发展的活动，切实将中华优秀传统文化、革命文化、社会主义先进文化和社会主义核心价值观的内容体系融合在保育教育过程中。相信每一个幼儿都是积极主动、有能力的学习者。[5]坚持"三全"育人，全员、全程、全方位教育，以丰富多彩的游戏和生活为活动载体，组织幼儿开展富有吸引力、感染力的爱国主义教育活动探究实践。结合二外幼儿园爱国主义教育活动实践，聚焦三种探究形式：幼儿自主表征表达类、幼儿自主游戏类、幼儿社会实践类。

1. 幼儿自主表征表达类

鼓励幼儿通过直接感知、实际操作和亲身体验获取经验，勇敢表达。在日常的爱国主义教育活动探究过程中，教师通过启蒙化的持续性的活动，支持幼儿尝试用图示、符号、搭建、辅助材料和其他方式简单记录自己的学习经验，并进行表征表达。儿童有 100 种语言就会有 100 种思考，鼓励幼儿多元表达探究结果，教师做好有效的倾听和观察记录，并给予幼儿适宜的引导，实效增强幼儿有感而发的过程和探究结果。探究二外幼儿园的爱国主义教育活动实践，可发现幼儿的自主表征表达探究形式有如下多种：

绘画：红色故事讲述及创编、红色歌曲联唱、播报。

搭建：传统故事讲述及创编、艺术舞蹈、剪纸。

情景剧：红色诗歌诵读、武术器械操、泥塑。

2. 幼儿自主游戏类

新质生产力关键是人的创新能力，在学前阶段，幼儿的游戏就是幼儿创新能力成长的途径和载体。如通过传统体育游戏的开展，传承并创新中华民族舞龙、舞狮、武术、踢毽子、抖空竹、滚铁环等的玩法；通过增加游戏的挑战性和内容性，自然融入红色文化"勇夺泸定桥""运军粮""遍插红旗""翻山越岭"等情境设计；通过引导幼儿关注奥运会赛事，让幼儿自主模拟可操作的体育项目游戏体验等。在安全舒适的氛围中，幼儿自由选择游戏材料和伙伴，自设游戏内容。返本开新的玩法既是对幼儿体能的锻炼，又是爱国主义教育成果的展示，也是爱国主义教育实践的质量检验，爱国主义精神既滋养了童心，锻炼了体能，拓展了思维，又振奋了教师园本教研创新实践的积极性。二外幼儿园爱国主义教育活动实践中，自主游戏探究形式包括：角色表演、体育游戏（传统、红色、奥运会）、随机采访。

3. 幼儿社会实践类

《幼儿园教育指导纲要》及《3~6 岁儿童学习与发展指南》特别强调幼儿社会实践教育，引导幼儿在社会实践过程中促进德智体美劳全面发展。让幼儿从生活中获取新经验，实现教、学、做合一，开阔幼儿视野，厚植家国情怀，培养幼儿践行社会主义核心价值观，提升社会交往、独立自主、发现和解决问题等能力。二外幼儿园爱国主义教育活动实践中的社会实践探究形式可归纳如下（见表3）。

表3　中国式学前教育现代化爱国主义教育形式归纳表（社会实践）

爱国主义教育活动探究形式——幼儿社会实践	
生态文明教育	节约粮食 垃圾分类 节能环保 绿色出行 海洋生态
德育教育	参观学校"心馆"寻找二外红色印记 优秀学生表彰典礼 礼仪值日生
安全教育	参观学校"安全体验馆" 参观消防站 生命安全逃生演习
劳动教育	种植劳动 自我服务及为他人服务
集体主义教育	我爱我的小区、二外、幼儿园、班级
大中小幼同课堂	纪念周恩来诞辰 二外校庆日
社会实践活动日	参观博物馆、植物园、图书馆、超市、食堂、社区

二、大中小幼爱国主义教育一体化构建拔尖创新人才贯通培养体系

尊重每个幼儿的个性和兴趣，开展爱国主义教育，传承红色文化基因，热爱祖国，培养民族自豪感和责任感，将价值培育与能力塑造相融合，实现大中小幼爱国主义教育一体化育人模式，在学前教育阶段做好拔尖创新人才的奠基。

（一）构建爱国主义教育全学段贯通，下好人才培养"一盘棋"

爱国主义教育贯穿孩子的大中小幼教育阶段，坚持系统集成，不断增强人才培养系统性、整体性、协同性。培养幼儿有感恩之心，从小致敬红色精神和传承红色基

因，开展形式多样的红色教育活动，让幼儿生成爱集体、爱家乡、爱党爱国的情感。铭记革命先辈，珍惜今天的幸福生活，引导幼儿树立社会主义核心价值观。同时做好科学的幼小衔接，培养幼儿的责任意识，引导他们树立长大要成为对社会有贡献的人，成为守护家人、国家和人民的人，争做优秀的社会主义建设者和接班人的目标。

（二）新质生产力科技赋能，实现爱国主义教育资源共享

新技术、人工智能、大数据，打破教育的时空限制，让学习可在任何空间和维度发生。科技数字新场景激发孩子的学习兴趣，实现异地同上爱国主义教育课，实现师师、师幼、幼幼、家幼间的互动实践架构。综合运用数字真实化场景、游戏化场景、体验式场景，创新二外大中小幼协同爱国主义教育育人模式，助力育人能力的真实成长，激励全学段贯通培养，培育树立远大理想、厚植爱国情怀的时代新人。

（三）传承二外翔宇红色文化基因，提升爱国主义教育氛围

北京第二外国语学院是周恩来总理亲自提议创办的。二外人的翔宇精神传承一直是二外幼儿园浸润红色文化的教育内容。以每年的七一建党节教育为契机，深入开展"二外娃诗情画意礼赞党的生日""二外娃沉浸式体验二外红色校园""二外娃党史知识知多少""二外娃强身立志致敬建党""二外娃读红色绘本讲好红色故事""二外娃科技兴国梦"等系列主题活动，全园师幼同走长征路，广泛覆盖党史教育和国情教育，将"立德树人"与"铸魂育人"实现全融合。突出二外翔宇精神传承"三全育人"的娃娃版培养理念，深入开展"沉浸式学党史、爱祖国"主题教育，引导二外娃向身边优秀的哥哥姐姐学习"自觉做爱国主义教育讲述者、红色基因传承者"，为新时代基础教育阶段"为党育人，为国育才"打下坚实基础。

（四）加强新时代教师爱国主义育人能力，高质量弘扬教育家精神

建立健全教师定期理论学习制度，坚持不懈用习近平新时代中国特色社会主义思想凝心铸魂。持续抓好党史、新中国史、改革开放史、社会主义发展史学习教育。[6] 教育家精神是爱是信念更是责任，以教育家精神铸魂强师，推动学前教育高质量发展。二外幼儿园向北京第二外国语学院大中小学段的优秀教师团队学习经验，加强教

职工思想政治建设，涵养高尚师德师风，潜心笃志育幼苗，培养勤学乐育的高素质保育教育队伍，当好孩子成长的引路人。

三、办好家长满意的幼儿教育，营造良好的家园校社多方协同育人氛围

《幼儿园教育指导纲要（试行）》中指出，充分利用社会资源，引导幼儿实际感受祖国文化的丰富与优秀，感受家乡的变化和发展，激发幼儿爱家乡、爱祖国的情感。[7]坚持从娃娃抓起，做到润物无声，注重落细落小落实，推动爱国主义教育融入幼儿园教育全过程，形成家园校社协同育人教育合力。

（一）家园协同共育

二外幼儿园注重让家长参与日常保育教育，并组织了一系列的活动：每周组织家长志愿者进课堂，让幼儿获得多领域的知识；每学期开展家长学校，通过分享育儿经，感受家国情；每年积极组织家长参加北京市朝阳区的"好家长"之星及讲好育儿故事征文评比；日常以中国节日及纪念日为契机，开展亲子体验中国节日习俗的活动，让幼儿感受中华传统文化的独特魅力和人文价值，共同表达对美好生活的祝愿。在每年的10月1日国庆节，家园践行红色文化传承，进行亲子国庆手工作品展、红色文旅景区打卡分享等活动，让幼儿实际感受祖国全方位的日新月异、繁荣昌盛。

（二）校园协同共育

在北京第二外国语学院大中小幼德育一体化工作的支持下，二外幼儿园积极传承翔宇红色基因，开展有意义的教育活动，如每年的3月5日纪念周恩来总理诞辰，同时缅怀革命先烈；5月12日防灾减灾日，参观学校安全体验教育馆；10月24日二外校庆日，参观校史馆"心馆"，以及参加二外所属旅游教育出版社《了不起的故宫宝贝》绘本发布等活动，沉浸式体验第二外国语学院的爱国主义教育氛围。

（三）社园协同共育

二外幼儿园定期组织昆曲艺术表演、科技馆科学探索、魔术表演等活动，增强幼儿多元化的传统艺术和现代科技魅力体验。邀请社区民警、管辖交警、消防站消防员、卫生所医生等入园开展师幼防暴、交通、消防、传染病预防等演练及食品安全教育等活动，养成幼儿的安全健康意识和自护能力。同时，积极组织幼儿走出去的社会实践，开展如感恩教师、敬老、致敬劳动者等慰问演出活动；到身边的超市、银行、宾馆、快递服务站参与互动实践；参观博物馆、图书馆、植物园等。通过为幼儿创造支持性的发展环境，增强幼儿社会性认知，开阔爱国主义教育实践内容和路径。

综上所述，幼儿园开展爱国主义教育是积极响应国家政策的具体实践，中国式学前教育现代化爱国主义教育活动，应具备以下三个特点：第一，应以符合"中国立场""幼儿立场""园本立场"为育人核心目标。第二，通过园本课程实践，构建中国式学前教育爱国主义教育培养体系。第三，充分发挥家园校社的协同育人作用，有效利用爱国主义教育资源，以科技赋能，形成大中小幼爱国主义教育一体化的贯通培养模式。最后，应构建"三全育人"格局，努力提升幼儿园教职工爱国主义教育育人实效，让一颗颗爱党、爱国的种子在幼儿的心底生根发芽，推进爱国主义教育在中国式现代化进程中发挥新的作用。

参考文献

［1］习近平主持中央政治局第五次集体学习并发表重要讲话［EB/OL］.（2023-05-29）.［2024-06-28］.https://www.gov.cn/yaowen/liebiao/202305/content_6883632.htm.

［2］中国共产党第二十届中央委员会第三次全体会议公报［EB/OL］.（2024-07-18）［2024-07-28］.https://www.ccps.gov.cn/zl/szqh/202407/t20240718_163480.shtml.

［3］培养德智体美劳全面发展的社会主义建设者和接班人（2018年9月10日）［M］//习近平.论党的青年工作.北京：中央文献出版社，2022.

［4］中华人民共和国爱国主义教育法［EB/OL］.（2023-10-25）.［2024-06-28］.https://www.gov.cn/yaowen/liebiao/202310/content_6911481.htm.

［5］教育部关于印发《幼儿园保育教育质量评估指南》的通知［EB/OL］.

（2022-02-11）[2024-07-28].http://www.moe.gov.cn/srcsite/A06/s3327/202202/t20220214_599198.html.

[6] 中共中央 国务院关于弘扬教育家精神 加强新时代高素质专业化教师队伍建设的意见[EB/OL].（2024-08-26）.[2024-08-28].http://www.moe.gov.cn/jyb_xxgk/moe_1777/moe_1778/202408/t20240826_1147269.html.

[7] 北京市教育委员会.北京市贯彻《幼儿园教育指导纲要（试行）》实施细则[M].北京：同心出版社，2006.

作者单位：北京第二外国语学院幼儿园

"石趣探秘，塔筑童梦"

——以小班户外科学探究活动"搭石塔"为例

阮 彬 冯 莉 廖 真 肖雅文 裴露曦

摘 要：幼儿对周围事物有着强烈的好奇心，这是天性，也是幼儿探索这个世界的动力。小班幼儿喜欢用各种感官去探索和了解世界，如用手摸、用鼻子闻、用眼睛看、用耳朵听等。本次案例活动聚焦于小班户外探究活动"搭石塔"，旨在通过一系列探究活动，激发幼儿科学兴趣，培养动手能力，促进其科学思维的形成，并在过程中有效提升幼儿的科学语言、社会交往能力。

主题词：户外科学探究；小班

一、引言

《3~6岁儿童学习与发展指南》指出："幼儿科学学习的核心是激发探究兴趣，体验探究过程，发展初步的探究能力。成人要善于发现和保护幼儿的好奇心，充分利用自然和实际生活机会，引导幼儿通过观察、比较、操作、实验等方法，学习发现问题、分析问题和解决问题……"

在幼儿教育活动中，户外科学探究活动有独特的魅力和价值，"搭石塔"不仅是一次简单的自发户外游戏，更是一场有趣的科学探索之旅。小班的幼儿带着好奇与憧憬，用自己的小手和无限的创造力，尝试搭建石塔。在这个过程中，他们将亲身体验和感知物体的稳定性、平衡原理以及空间概念等科学知识，并通过系列活动，为他们未来的科学学习打下坚实的基础。

让我们一同期待小班幼儿在"搭石塔"活动中绽放出的智慧火花，共同见证他们在科学探究道路上迈出的坚实步伐。

二、活动实录

（一）活动背景

随着教育改革的不断深入，越来越多的教育者认识到户外教育的重要性。户外科学探究活动能够让幼儿在自然环境中亲身体验、自主探索，有助于培养幼儿的创新精神和实践能力。

我园将教研活动的主题定为——幼儿园创新户外科学游戏。这次课程对于教研组来说，是一个新的挑战，对于课堂科学活动来说，是一次创新，对教师来说，是一个新的起点。如何组织户外科学活动，如何发现教育契机，成为难题，在翻阅图书之后，我们有一种茅塞顿开的感觉——为什么要用固有的教育思维，将户外探究课堂想的如此局限呢？我们可以带着小朋友一起去探究，一起去寻找内容。于是，在带着幼儿进行户外游戏时，我们观察到了一件有趣的事……

在一次晨间沙池活动中，牛牛突然说："我找到宝藏了。"原来是他从沙池里面挖出来了一块小石子。一旁的小朋友听见了，马上就被牛牛吸引了注意力，大家都走过去看牛牛找到的宝藏。就在这时，一旁的六一说话了："我也找到了一个很小的宝藏。"

可乐说："我来看看是什么呢？我怎么还没有找到？你在哪里找的？"

果果说："我知道，我知道，可乐，你过来，我们一起挖宝藏。"

几个好朋友你一言，我一语的，一旁的小朋友听见了，一瞬间孩子们都自发地开始加入到寻宝藏的活动中来。

随着"宝藏"找的越来越多，不一会儿便堆成了小山。"哈哈哈，你看，我的石头变成了石山。"芯芯高兴地说道，"你们小心一点放，不要把我的石山撞到了。"虽然芯芯提醒了同伴，但是她的石山很快就塌了。于是，孩子们的注意力从挖宝藏，转移到了搭建石塔中……

抓住孩子们这一次游戏的兴趣点，我们开启了一场关于"石头"的科学之旅。

（二）石头大调查

在活动前，老师通过"在哪些地方能够找到石头？""石头有些什么特点？""你觉得哪些石头适合搭建石塔？为什么？"这几个问题作为幼儿前期经验的铺垫，调动家长参与，带领孩子们走进自然，寻找石头。

很快，他们就将自己看到的、摸到的感受告诉了大家……

关于在哪里可以找到石头：

多米："我在小区水池里找到了石头。"

一一："我在幼儿园的沙池里看到了石头。"

想想："妈妈告诉我有个石头林，里面有各种各样的石头。"

……

关于石头的特性：

果果："石头有圆的，也有尖尖的，我还找到了一个心形的石头。"

犇犇："石头有很多的颜色，我看到了蓝色、白色、黑色、红色……"

跳跳："有的石头可以滚很远，但是有的石头不能滚。"

……

关于搭建石塔的选择：

子墨："我要选大的石头放在下面，然后小的放在大的上面。"

Wowo："石头要选扁的，就不会滚了。"

……

随着谈话活动的深入，我们感受到，挖掘孩子们兴趣点的教育活动，他们都十分感兴趣，并且愿意、乐意分享自己了解到的事情，面对提问也能大胆发言，对于接下来搭石塔更是十分期待。

（三）第一次搭石塔

谈话活动结束后，老师开始组织孩子们走出课堂，来到沙池进行第一次活动，验证自己的猜想——应该选择怎样的石头来进行更稳定的搭建呢？有的选择大的圆的、有的选择扁的小的，就这样，孩子们开始寻找、搭建。

随着石塔一次次倒塌，一次次重复着搭建的过程，孩子们得出了搭建石塔应该注意的关键点。

粼粼："哎～不行，圆的石头放不稳，要找这样的（拿了一个扁扁的石头）。"

哥哥："你要轻轻放、慢慢放。"

宥宥："在沙池里不好搭，要在地上（指了指刚刚他搭建的两处地方）。"

……

由于小班孩子的年龄特点以及前期的科学语言积累少，他们更加偏向于用实物或者某物体的特点进行解释，如宥宥说沙地搭建不好，是因为沙地凹凸不平，而地面更为平整。但是他却不知道应该用什么词进行形容，只能用手指、动作、表情来代替表达，老师理解了他的意思，并带着孩子们走进去体验"凹凸不平""平整"这两个词汇，并且让孩子们自己再重复诉说和感受。

通过第一次实验，孩子们得到了新经验——搭建石塔要选稳定平整的场地、大而扁的石头、轻轻地慢慢地放置材料，方可获得一个石塔。

（四）第二次搭建石塔

随着活动的深入，老师提出了新的问题——"如果我们想要搭建更高的石塔，让它变得稳定，不容易倒，可以有哪些办法呢？"于是，孩子们开始了第二次石塔的搭建。在本次活动中，老师鼓励孩子们尝试两人合作、多使用场地上的工具来支持自己的石塔搭建。

在老师的引导下，他们开始了自由组合，有的孩子选择了沙地，他们把凹凸不平的沙地调整得更加平缓，并利用沙作为地基来搭建；有的孩子选择使用竹筒，每放一块石头，就铺一层沙子填满空缺；有的孩子选择平整的地面作为搭建地基，并且两人用手护住进行……孩子们都商量着验证自己觉得正确的方法，并且在实践中不断地调整和改变。

最后的结果，其实孩子们已经不关注了，他们沉浸在自己队伍的操作中，每个人都在想办法搭建更高的石塔。在活动结束后，老师鼓励他们大胆分享自己的办法，并说明自己这样做的原因，他们将动手操作的经验以自己的语言总结了出来，更加深刻地感受并理解了"让石头稳定的办法"，有增加摩擦力、增加接触面积等科学经验。

三、案例小结

（一）活动教育价值

幼儿园的基本活动是游戏，本次活动的选题是和幼儿一起探索寻找的，是由幼儿出发的选点。同时，本次探究活动不是"填鸭式"的学习，而是一步一步引导，活动由浅入深。虽然本次探究的主题物"石头"是没有生命、不会动的物体，但小班幼儿好奇、好问、好探索，老师的提问，往往都能够吸引小朋友的注意。《3~6岁儿童学习与发展指南》指出：探究既是幼儿科学学习的目标，也是幼儿科学学习的途径。

幼儿在游戏中探索学习，是幼儿在园内一日生活中主要的学习方法，当幼儿好奇观察、探索物体和材料并提出疑问时，正是幼儿成长的关键时刻，我们教师需要做的是，引导幼儿在周围环境中，通过五官感知、动手体验和操作材料，观察现象和规律，在探究中积累、提炼经验，提升科学探究能力和科学素养。

（二）教师支持行为的适切

首先老师通过观察幼儿在沙池中挖出的宝藏"石头"，找到幼儿的兴趣点，从而进行前期的经验铺垫，寻找石头、观察石头的表面特征如颜色、形状、大小，并引导他们用自己的语言进行表达；随后通过观察石塔图片，挖掘新的探究点，在与幼儿一起观察、搭建的过程中，能够发现问题——为什么有的石头不会滚动，有的石头会滚动，然后讨论如何用石头来垒高。

在垒高的过程中，老师也不是一次性教给幼儿真正的搭建方式，而是让他们一次一次慢慢累积。第一次初探，老师让幼儿只用石头进行搭建，小朋友很快总结出了经验——要用扁的石头搭，因为圆的石头不"稳"，会左右摇摆；要选择平整的场地；要轻拿轻放等。随后带幼儿在户外寻找解决的办法，于是在沙池旁进行第二次搭建，小朋友两两一组进行搭建，有的用细沙，有的用铲子，有的用双手……在探索过程中，老师适时提问，引导小朋友去思考并验证猜想，例如，有组小朋友正在搭建，但是一直在用沙子围圈，并没有把石头往上进行垒高，于是老师提问："你们现在在干什么呢?"果果说:"我们在做盘子,这样石头就不会掉了。"老师又问:"你试一试呢,你的石头放上去不会倒吗?"果果试了一下,不出意外地掉下去了,他看了很久,和旁边的小朋友说:"这个太大了,不行。"小朋友就是在不断的试错过程中去总结经验,探究成长。

(三)教师支持行为的反思

小朋友对沙池挖掘出来的石头是好奇的,为什么石头会在这里,还有哪里有石头,为什么石头不一样,等等,他们发现问题,并逐一抛出。老师并没有直接对问题进行解答,而是在一次又一次的活动中进行分享,让幼儿自己总结、提炼经验。搭石塔,虽然是老师提供的探究思路,但是在过程中,小朋友的参与度极高,在搭建的过程中遇到坍塌的石塔等困难时他们并没有放弃,而是重新寻找方法去解决,这一过程逐步培养了幼儿坚持的品格。

(四)教育契机以及支持策略

在小朋友探索过程中,教师扮演支持的角色,用提问、材料验证的方式吸引和支持小朋友持续进行探究,逐步形成科学思维:猜想—验证猜想—遇到问题—解决问题。在整个活动中,幼儿能够坚持完成试验,并大胆地向同伴表述自己的探索经验。

作者单位:北京第二外国语学院成都附属幼儿园